小さな大学の大きな挑戦

沖縄大学50年の軌跡

沖縄大学50年史編集委員会

高文研

もくじ

Ⅱ　学園民主化の嵐の中で

V　今も続く模索と挑戦

装丁　商業デザインセンター・松田 礼一

プロローグ

✴ゼロからの出発

沖縄は、戦前期まで日本の中で唯一、大学や旧制高等学校・専門学校などの高等教育機関を持たない県であり、教員養成のための師範学校と、中等教育機関としての幾つかの県立や私立の旧制中学校、高等女学校しかなかった。旧制高等学校や専門学校、さらに大学へ進学するには沖縄から離れなければならず、経済的にも多くの負担がかかり、さまざまな困難があった。県議会が、国立の水産高等専門学校の設立を政府に要望したこともあるが、実現しなかった。そして沖縄戦。

住民を巻き込んだ地上戦という未曾有の体験をした沖縄社会は根底から破壊され、師範学校や中学校・高等女学校の生徒たちまでが、「鉄血勤皇隊」や「ひめゆり学徒隊」などの名称を持つ学徒隊を編成して、戦場に駆り出され、多くの人材を失った。戦後の沖縄は、教育を含め、すべてをゼ

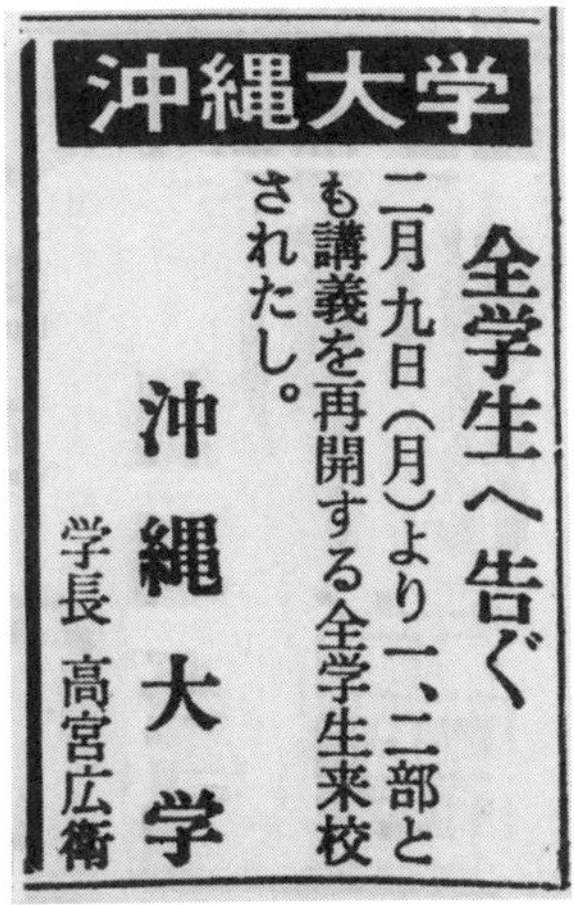
沖縄大学
全学生へ告ぐ
二月九日(月)より一、二部とも講義を再開する全学生来校されたし。
沖縄大学
学長 高宮広衛

学園民主化の時代、1970年2月、理事会が封鎖を解いた後、地元紙２紙を使っての学生への登校の呼びかけ。

ロから始めなければならなかった。

沖縄戦で日本軍の組織的戦闘が終了した約一ヶ月後の七月三〇日、戦後沖縄で最初の高等学校（三年後に日本本土で発足する新制高校〔＝現在の高校〕に当たる）として沖縄島中部に石川高等学校が開校された。その翌々日の八月一日には米海軍軍政府教育部に沖縄教科書編集所が設置される。高等学校の設置は、その後コザ高校、前原高校、知念高校と続き、翌年には糸満高校、北部農林高校、田井等（現・名護）高校、宜野座高校と続くが、当時の沖縄の学制は、八・四制（一九四六・四〜四八・三）で、高等学校は、「ハイスクール」と呼ばれていた。一九四八年四月から日本本土と同様の六・三・三制となった。

四六年一月、戦後沖縄における最初の教員養成機関として沖縄文教学校が具志川村（現うるま市具志川）田場《たば》で開校している。米軍部隊跡のテントを教室にしての開校だった。戦争により教員数が絶対的に足りなかったこともあり、養成期間はわずか半年から一年であった。沖縄文教学校は、師範部、外語部、農林部からなり、同年八月には外語部は通訳・翻訳者養成の沖縄外語学校として独立、後に農林部は中部農林学校へと移った。戦前であれば、経済的事情さえ許せば県外の旧制高校や大学への進学の道が開かれていたが、戦後の米軍による分離支配政策の下で、沖縄社会は閉鎖状態にあり、若者が大学で学ぶ機会はまったく与えられていなかった。こうした状況の中で、沖縄に大学をつくろうという運動が始まる。

一九四七年一〇月一〇日付の、当時沖縄島唯一の新聞『うるま新報』は、一面トップに、「ハワ

イ同胞の郷土愛　沖縄大学を創設　明春より給費留学生も計画」という記事を掲げている。『うるま新報』自体が、週一回発行のタブロイド判の新聞であった時代である。灰燼に帰した沖縄の救援活動に大きな役割を果たしたのは、戦前のハワイ移民であった。四七年から四九年にかけては、地元沖縄でも、高等学校の生徒や文教学校、外国語学校の生徒たちによる大学設立運動が展開された。こうした動きに押されるように、支配者である米軍も、大学設立に乗り出さざるをえなくなり、四九年一〇月、米軍指令第二二号「琉球の教育制度」によって、米軍政府情報教育部の所管として琉球大学が設立され、文教学校や外国語学校は、琉球大学に吸収されることになった。

「米軍政府」が「米民政府」へと名称変更されると、琉球大学も「民政府布令」によって位置づけ直され、民政府の監督下におかれた琉球大学理事会が大学の管理運営に当たることになった。その後、六六年八月、琉球大学設置法と琉球大学管理法が民立法化され、六七年七月から、琉球大学はようやく米民政府の手を離れ、琉球政府立となった。大学の管理運営は、立法院（議会）の同意を得た学識経験者五名、中央教育委員会委員一名、琉球政府文教局長より構成される琉球大学委員会にゆだねられることになった。

✶「米留」「日留」制度と琉大事件

琉球大学設立以前、米軍政府は、二つの人材育成手段を講じていた。後に、米留《べいりゅう》・日留《にちりゅう》という言葉で定着する留学制度である。

一九四九年に発足した米国留学制度は、米軍政府（のちに米民政府）によって募集・選考された学生を、アメリカの大学（あるいは大学院）に配置し、米陸軍省の資金から奨学金を支給するというものである。琉球大学設立以後も継続され、沖縄の日本返還が決まって、七〇年を最後に打ち切られたが、二〇年間に約一〇〇〇人がこの制度を利用し、米軍支配下の沖縄社会のエリート層を形成した。

いわゆる日留も、一九四九年、沖縄では養成できない分野の学生を本土大学に派遣する契約学生制度として発足した。卒業後は沖縄に帰ることを義務付け、学費や生活費を米側が支給し、本土での学生の配置等は、文部省と沖縄県学徒援護会が責任を持った。この制度は、五二年六月で打ち切られたが、翌五三年四月からの国費・自費学生制度に引き継がれた。特別の選抜試験に合格すれば、国立大学の枠外定員（定員五〇人で出発したが、一七〇人まで拡大された）として入学が許可され、学費も支給されるというのが国費学生制度で、五五年から、これに学費支援のない自費学生が加わった。この制度は、とくに医師、歯科医師の養成に重点が置かれていた。

いずれにせよ、留学生制度が対象とし得る人数は限られており、日本から分離され、米軍支配下に置かれた閉じられた社会を支える中堅層を育成するためには、大学の設立が支配者である米軍にとっても、必要不可欠だったのである。

一九五〇年五月、琉球大学は、六学部、四四人の教職員、一・二年次五六二人の学生によって、戦火で破壊された首里城跡で発足した。大学をつくった米軍（政府）の少なくとも第一義的目的は、軍事的植民地支配に必要な人材育成にあった。設立者の意図は、大学の学部学科構成や、学生の活動に対する規制となって表面化する。すでに開学も決まって学生募集も始めた段階で、日本文学科の設立を認めなかったこともその一つである。

大学は、それが存立する社会、より厳密にいえば、その社会の支配層の意思を色濃く反映する形で設立される。米軍政下の沖縄で、米軍政府の政策的意図によって設立された琉球大学もその例外ではない。だが、大学は一度設立されてしまうと、公立・私立といった形態を問わず、設立者の意図を超えて変質し、社会的変革を目指すような人材をもその中から生み出していく。一九五三年に起きた第一次琉大事件、一九五六年の第二次琉大事件がそのことを象徴的に示している。

第一次琉大事件は、灯火管制下の寮でランプを灯したとか、許可なく原爆展を行ったとかいう理由で四名の学生が停学処分を受け、その不当性をメーデー会場で訴えたところ、その報復措置として退学処分を受けたというものである。

第二次琉大事件は、米軍用地の強制接収に反対する「島ぐるみ闘争」下の沖縄で、学生のデモを指揮していたリーダーたちが、「ヤンキーゴーホーム」と叫んだとして謹慎処分を受け、処分が軽すぎるという米民政府のクレームによって大学理事会が処分をやり直し、六名の学生を退学処分に、一名を謹慎処分にしたという出来事である。

✴高まる進学意欲の受け皿として

こうした沖縄の状況を背景に、一九五八年、戦後沖縄における最初の私立大学として、那覇市国《こく》場《ば》に沖縄短期大学が設立され、三年後の六一年、四年制の沖縄大学となった。

一九六〇年前後といえば、日本では「もう戦後は終わった」といわれる時期から、高度経済成長期へと移行し始める時期である。全国的に大学進学率が上昇し、私立大学も次々と設立された。

一方、地上戦ですべてを破壊され、しかも米軍政下にあった沖縄は、本土に比べはるかに社会的経済水準は低かったが、戦後十数年も経つと、勉学の機会を奪われていた人びとの大学進学意欲は高まり、米留・国費・自費・琉大だけでは、その進学意欲を満たすことはできなくなっていた。沖縄大学は、施設・設備は貧弱この上なかったが、二部（夜間部）の中高年社会人学生を含め、大学教育を求める多くの人びとの学びの場として大きな役割を果たした。続いてキリスト教短期大学やコザ市（現沖縄市）の琉球国際短期大学が設置認可され、後者は、六二年に国際大学となった。

✴学園の民主化と生き残りをかけて

さて、一九五八年に設立された沖縄大学は、二〇〇八年で、創立五〇周年を迎える。この五〇年は、一九七八年を区切りとして、二つの時期に分けられる。前半期の二〇年は、混迷と、紛争・闘争の時期とでもいえようか。

そしてこの前半期は、七〇年を境に、さらに前期と後期に二分できる。前期は、創設者・理事会と、教職員が、大学運営をめぐって鋭く対立、それがさらに学生を巻き込んで、教職員と学生が一体になって全学協議会を結成して大学を自主管理し、これに対し理事会がロックアウトで対抗するところまで発展した。外部からは「紛争大学」というレッテルさえ貼られ、現在であれば、入学志願者が激減して経営困難に陥るところだろうが、このような状況の中でも、学生たちは元気だった。資格取得にはげむ者、スポーツ面で好記録を樹立する者、文科系サークルで活躍する者、そして闘争にはげむ者と、それなりに活気に満ちていた。その背景には、世界的なベトナム反戦運動の嵐が巻き起こり、ベトナム戦争での米国の軍事的拠点・沖縄でも、反戦復帰闘争が燃え盛っていたという時代状況があった。多くの人びとが、自らの理念や権利のために存在をかけて闘うのが当たり前の時代であった。

自主管理とロックアウトにまで発展した民主化闘争は、学外の教育関係機関の仲介もあって、一九七〇年、教授会が大学運営の主導権を掌握する形で収束する。だが今度は、「世替《よが》わり」の中での大学存続という新たな難題が登場してきた。六九年一一月の佐藤（首相）・ニクソン（米大統領）会談で、七二年中に沖縄の施政権を日本に返還することが決まり、日本政府の復帰対策が動き出したのである。

日本復帰に際しての最大の問題は、琉球政府立琉球大学をはじめ、沖縄の大学すべてが、日本の大学設置基準を満たしていなかったことである。戦争被害から立ち直りきれないまま軍事優先の米軍政下に放置されていた沖縄では、教育や民生面への配慮が後回しにされざるをえなかったからである。復帰に際しての日本政府の政策は、琉球大学は国立大学とし、私立大学は一校に統合することを条件に財政支援を行うというものであった。

これに対して、建学の精神を異にする私大統合には強い抵抗感があり、沖縄大学は、統合受け入れ派と、自主存続を追求する立場に分裂した。この時期には、沖縄大学の自主存続を求める学長以下の教職員が上京して文部省の前に座り込み、その姿を、復帰によって琉球政府職員から国家公務員に身分移管され、本土研修に来ていた卒業生が目撃して涙を流したというエピソードも残されている。

✴独自の教育実践を積み重ねて

結局、沖縄大学は、米軍支配時代からの旧沖縄大学と、日本返還後新たに認可された新沖縄大学を接続させる形で存続を維持した。しかし、いわば満身創痍の存続であった。その後は入学者が減少、赤字は累積し続けて、自滅への道を進んでいく。だが、教職員の給与も遅配欠配、組織的にも身売り寸前のどん底から、沖縄大学はよみがえった。

一九七八年九月、沖縄大学は、地域と共に生きる開かれた大学という新たな理念を確立し、その理念を踏まえた教育実践を展開しながら、大学再建の途を歩みだしたのである。沖縄大学五〇年史は、ここから後半期に入る。

この後半期も、八〇年代までと、九〇年代以降の二つの時期に分けることができる。八〇年代のいわば再建期に、沖縄大学が試行錯誤の中で展開した教育実践のいくつかは、全国的に見ても先駆的な意味を持つものであった。大学経営のプロは一人もいなかったが、逆にいえば、教職員すべてが経営者であった。自力更生・自主管理という合い言葉は、六〇年代の民主化闘争と響き合うところがあった。

八〇年代末には、教職員の給与も、国家公務員研究職、あるいは沖縄県職員並みに回復し、施設設備の改善もすすんだ。大学設置基準上も「普通の大学」に肩を並べた。しかし、危機が過ぎれば、組織的緊張も緩む。「普通の大学並み」になれば、「普通の大学並み」の課題も浮上する。新生沖縄大学として新たな理念を踏まえて突き進んできたとはいえ、古い殻を完全に脱ぎ捨てられたわけでもない。新しい時代もまた、試行錯誤の時代であった。

九〇年代、沖縄大学は、法経学部法学科、経済学科、短期大学部英語科から、法経学部法経学科、人文学部国際コミュニケーション学科、福祉文化学科の二学部三学科（二〇〇七年、子ども文化学科を加えて二学部四学科）に改組転換し、「大学冬の時代」の真っただ中で五〇周年を迎えることになった。

とりわけ、「大学冬の時代」は、地方の、小規模な、私立大学にとっては、厳しい時代だといわれ、入学定員割れの大学も少なくないと伝えられる。そのような状況の中で、沖縄大学が、なんとか入学定員を維持し、財政状況も、日本私立学校振興・共済事業団の経営分析の指標でA１（超優良）の水準を満たし、文部科学省が財政支援の対象とするＧＰ、すなわち、他大学でも参考になる「優れた教育活動」（Good Practice）などの四つの大学教育改革支援プログラムに採択されるという中で五〇周年を迎えられたのは、出来過ぎかもしれない。

だが、この五〇年を振り返ってみると、それぞれの時期の、学生を含めた大学の担い手たちが、創り出し、積み重ねてきたものが今ここにあるという想いも強くする。沖縄という特殊な、あるいは独自な地域の特性を刻み込みながら、五〇年の歩みを続けてきた小さな私立大学の歴史を多様な読者の批判にさらしつつ、わたしたちもまた、その過去と現在と将来を改めて考えてみたい。

I

沖縄初の私立大学

創立まもない1958年当時の学園全景。左から短大校舎と高校校舎（嘉数昇明氏提供）。

1　沖縄初の私立大学の開学

戦後一〇年近くをへても沖縄の教育分野では、長期にわたった地上戦の傷跡がなお深く残っていた。米軍統治という異民族支配の状況下で、次代を担う青少年をめぐる社会環境や教育環境の悪化に、教育関係者だけでなく多くの人びとが心を痛めていた。一方、天然資源に乏しい沖縄では、〝人的資源開発の必要性〟が強調され、そのためにも青少年の教育環境の整備と高等教育機関の設置が強く求められていた。

✶嘉数学園の設立

そのような状況の中で、前々から「教育の機会均等」を主張し、沖縄における人材育成の重要性を強調していた企業家の嘉数《かかず》昇は、財団法人の設立と私立高校・私立短期大学設立の準備を進めていた。嘉数は、戦前は県会議員、戦後は会社や専門学校を経営していたが、本人は家の貧しさから小学校しか卒業していないということがあって、教育問題に対してはきわめて熱心であった。

一九五六年一一月一二日、「財団法人嘉数学園」の名称による第一回の設立理事会を開き、この

確保された校地は、祝嶺森と呼ばれていた（嘉数昇明氏提供）。

会議で初代理事長に嘉数昇、理事に敗戦直後の沖縄民政府の文教部長を務めた著名な教育者の山城篤男と、嘉数の妻である津子が就任(翌年二月に上地一史、稲嶺一郎が理事に加わる)、学校経営は嘉数昇・津子夫妻が、教育活動は山城篤男が担当することが話し合われた。

またこの会議では、嘉数理事長から、沖縄高校と沖縄短期大学の設立に関する校地の買収と建設資金、開校後の経営維持発展の見通しもほとんど目途がつき、両校の設立申請も出来ているとの報告が行われた。

しかしそこに至るまでの道は決して平坦だったわけではない。当時の沖縄は、米軍の基地拡張による土地の強制収用に対し沖縄住民が反発、〝島ぐるみ闘争〟が盛り上がっており、だれもが土地問題にきわめて神経質になっていたため、いかなる条件でも譲らないという強固な地主も多かった。

そのため校地買収に難渋し、嘉数理事長は先祖伝来の自分の土地と換地したり、あるいは自分の土地を売って他の土地を購入したりして、ようやく国場祝嶺森《こくばムイ》に沖縄高校と短期大学の校地を確保することができたのだった。さらに、戦後沖縄での私立高校の設立はこれが初めてであり、私立高校に関する法体系も未整備の状態にあったため、その点でも苦労したことが報告されている。

そうした苦労を乗り越えて、五六年一一月二六日、琉球政府中央教育委員会から「財団法人嘉数学園」の設立が認可され、同じく同法人による「沖縄高等学校」の設立も認可されることになった。しかし、認可は得たものの翌五七年四月の開校まで四ヶ月しかない。祝嶺森の土地を校地として整地し、校舎を造り、そして事務作業をととのえるため超多忙の日々が続いた。また当時の沖縄は、場所によってはまだ戦争の遺骸や遺物も数多く残っており、学校敷地内から一トン近い不発弾が二個掘り出されたこともあった。

一九五七年の沖縄の中学校卒業者は一万六八五二人、そのうち高校進学者が六八六五人で進学率は四一・七%、就職した者が六二七九人で就職率は三八・二%である。残りのほぼ二〇%を占める三五五四人が「無業その他」となっている。当時は、高校進学希望者に対する公立高校の収容人数の割合は六〇%台前半であり、多くの中学卒業者が進学を希望しながら入学できないという状況だったのである。

また、高校生一人当たりに投じられる公教育費をみると、五六年の時点で沖縄は全国平均の約六割、五七年以降も約八割の水準しかなく、全国と比較してきわめて劣悪な条件下にあった。先の

「無業その他」に組み入れられた三五〇〇人を超える中学卒業者のうち、かなりの人びとが進学を希望しながら入学を果たせなかった若者たちだったのである（沖縄県教育委員会『沖縄の戦後教育史』）。

実際、沖縄高校の第一回の入学試験には、定員三〇〇名募集のところ一七八〇名もの入学志願者があった。この数字からも、いかに当時の沖縄の教育状況の中で進学を希望しながら果たせなかった者が多かったかがわかる。そうした若者たちの受け皿として、当時の沖縄社会では私立高校の設立が強く望まれていたのである。

財団法人嘉数学園は、「教育の機会均等」「日本人教育」「沖縄発展の強力な鍵となる人材育成」という三つの柱を設立の基本理念としてあげている。つまり、アメリカの異民族支配下にあっても、日本人としての沖縄人という精神的バックボーンを失わず、逆境を改め変えていける意気と能力をもった優秀な人間の育成が学園の目標とされたのである。

✴設立当初の沖縄高校

一九五七年四月一日、初代校長に山城篤男が就任し、「師弟同行」「愛と敬」の精神を基調とする校訓のもとに教頭ほか八人の専任教員が任命された。しかし校舎はまだ完成していない。工事が終了したのは同月一五日であり、翌一六日、開学式と入学式が挙行されて、ようやく「私立沖縄高等学校」が誕生した。

開学当初は、小さな校舎があるだけで他に何もない状態にがっかりした、と新任教員が異口同音

60年代中ごろになっても、学園の周囲にはまだ畑が広がっていた（嘉数昇明氏提供）。

に回想しているように、開校は文字通りゼロからのスタートだった。しかし、校舎や設備は不十分であったが、入学してきた生徒たちの多くは元気で意欲的であり、生徒とともに新たな学園を創造していく喜びと苦しみを満身に感じながらの船出だった。

当初は教室だけがあって、職員室はなく、教室の外の廊下に校長をはじめ全職員が机を一列に並べて仕事をするという状態であった。また、高校周辺の畑からはハエの大群が侵入してくるため、ハエ叩きを大量に購入してハエ退治に奮闘するという、今日では考えられない環境にあった。また本道から教室までの道が舗装されていなかったため、雨の日には田んぼ道で泥んこになり、晴れた日が続くと表土が乾燥しホコリとなって舞い上がることから、教職員、生徒ともに沖縄高校は「誇り（ホコリ）高きハエ（蝿）スクールだ」と苦笑しあったというエピソードも今に伝わっている。

その後、文字通り教職員と生徒たちが一丸となって〝誇り高き沖縄高校〟の創造に向かうことになるが、創立翌年に設立された柔道部と野球部が全琉球を制覇、創立五年後の六二年には全国高校野球南九州大会で宮崎県代表に勝利し、南九州代表として念願の甲子園大会に出場するまでになった。沖縄高校の活躍は日本本土に対してコンプレックスが色濃くあった当時の沖縄の人々に大きな励ましを与え、本土紙でも「沖縄高校の勝利は劣等意識を吹き飛ばした。沖縄高校は実力で念願の〝県並みの地位〟を獲得した」と報じられた。

沖縄高校が社会に評価され、受け入れられたところで、次に嘉数学園が取り組んだことは、前々から準備していた大学教育の機会均等であった。実は、五六年一一月の財団法人嘉数学園の設置認可のさい、沖縄高校とともに沖縄短期大学の設立申請もなされたのだったが、まだ短期大学設置に関する教育法令もなく、設立準備も不十分だったため、先に沖縄高校だけが設立認可されたという経緯があった。それもあって嘉数学園は、沖縄高校を開校して五ヶ月後の五七年九月には早くも「私立沖縄短期大学設立認可促進についての陳情」を行っている。その中で、米国及び日本の諸大学に在学している沖縄出身学生が約二五〇〇名に達していること、沖縄唯一の大学である琉球大学の約五〇〇人の定員に志願者が一七〇〇人もいたことに言及し、大学への入学難を緩和し教育の機会均等を図るため沖縄短期大学の設立認可を促進するよう要請している。

こうした経過をへて、五八年三月に「沖縄短期大学設立認可申請書」が提出され、同年四月三〇日には琉球中央教育委員会から「財団法人沖縄短期大学設立認可」が通知された。それに関連して興味深いのは、沖縄短期大学の設立認可が行われた後に、琉球中央教育委員会は、五八年六月六日付け中央教育委員会規則第四八号で「短期大学設置基準」を公布施行し、「同年四月一日から適用」している点である。すなわち、嘉数学園の沖縄短期大学設立の申請が、それまで琉球政府の教育法令になかった「短期大学設置基準」という新たな規則を作ったことになる。

このように設立認可が下りた後に短期大学設置基準が公布施行された経緯からも、沖縄短期大学の設立が、沖縄社会の高等教育に大きな意義をもったことがうかがえよう。その後、五九年四月に沖縄キリスト教学院短期大学、一〇月に琉球国際短期大学が続けて認可され開学しているように、沖縄短期大学の設立が沖縄における私立大学の道を開いたのである。

✴短大開学の頃

沖縄短期大学は五八年六月一〇日、開学式及び入学式を挙行した。学科構成は、英文科、商経科、被服科（五九年四月から家政科へ名称変更）の三学科で、定員は英文科と商経科が一〇〇人、家政科が五〇人であった。短期大学には昼間の一部と夜間の二部があり、二部は英文科と商経科だけだった。五九年一月には沖縄高校校長と兼任していた山城篤男が兼任を解かれ、沖縄短期大学初代学長に就任した。同じ一月には、崎浜秀主作詞、渡久地政信作曲による学園歌が制定されている。

ところで、高等学校や短期大学、そして後に設立される四年制大学の名称に、なぜ〝琉球〟でなく〝沖縄〟という名を冠したのであろうか。嘉数昇理事長は、著書『沖縄の私学と振興』（一九六七年）の中で〝沖縄〟という呼称には「私たちの郷土、この沖縄に〝愛情〟と〝誇り〟を持とうという意味がこめられている」と記している。そしてその背景には、米軍統治下の異民族支配という沖縄の社会状況の中で、米軍が公式に使用する〝琉球〟という名称に対して〝沖縄〟の名前を冠することで、郷土沖縄に対する愛情と誇りをもつことの大事さや、官に対する民の意識が強くあったからだと述べている。

また、三学科の設立においても、志願者が多い分野を優先したという面もあったが、沖縄の将来を考えて経済復興のための人材を養成する「商経科」、国際発展のための語学教育を充実させる「英文科」、平和で文化的生活の設計に教養豊かな女性を育てるための「被服科」の設置として構想され、学科の編成がなされたことが記されている。沖縄短期大学の学科編成は、五〇年代後半の米軍統治下の沖縄社会の状況を色濃く反映した学科設置であったことがうかがえる。

五九年三月には、小中学校教員養成のための初等教育科の設置が琉球政府文教局からの要請により、二ヶ年間の期限付きで認可されている。それには次のような事情があった。

琉球大学を卒業した小中学校の教員の就職先は、当時は沖縄島の都市地域に集中して離島や僻地の小中学校を避ける傾向が強く、先島《さきしま》の宮古・八重山地域では教員が足りない状況にあった。そのため、沖縄短期大学の教員養成では、学生たちに対し教育環境に恵まれていない地域の子供たちのために離島でもどこでも率先して赴任し教育実践に打ち込むことの重要性がとくに強調して説かれていた。実際、沖縄短期大学で教員資格を取得した卒業生たちが、宮古、八重山地域の小中学校で

短大第1期生の卒業式（1960年５月７日）。社会人が多かったことがわかる。

勤務する教師の大半を占めるようになり、先島の教育環境に大きく貢献したことはよく知られている。

沖縄短期大学に入学してきた学生たちの年齢は十代から四十代まで幅広い年代層で構成され、とりわけ昼間働きながら勉強する二部の学生には琉球政府をはじめ官公庁の公務員や民間会社の中堅職員など多士済々で熱心な学生も少なくなかった。学ぶ意欲に燃えた学生たちと、創立して間もない大学をこれから担っていこうとする若い教員たちとの「師弟同行」の精神は、大学教育のさまざまな場面で見られた。例えば、一九六〇年から琉球政府による教員採用選考試験の対策として、学科ごとに教員が試験問題を作成して教員志望者に事前指導を行った。

沖大教務部の調査によると、当時の学生の何と九〇・五％が教員志望であった。その背景には、給与が低いため教員から軍作業員へ転職する人が多かった一〇年前とは逆転して、この時期になると教員は一般商社より待遇もよく身分も保障されており、さらに五九年までは教員不足を反映して免許さえ持っていれば教員としてすぐに就職できたという利点があった。そのことが、教員免許を取得するために学生のほとんどが教職課程を受講する大きな理由になっていたのである。ところが、教員数が一定程度確保された六〇年からは、教員採用選考試験が実施されることになったため、学生たちの強い要望もあって、大学でも教員選考試験に向けて学科ごとの対策がとられるようになったのである。このように、当時は教員と学生との関係は緊密であり、互いの信頼関係も深かった。

✴一九六〇年当時の学生生活

沖縄短期大学学生会は、五八年一一月に結成されている。学生会の最高議決機関として全学生による学生総会が、毎年五月と一〇月に開かれた。その下に審議執行機関である中央委員会が置かれ、同会は各クラスより選出された委員及び正副会長によって構成され、毎年五月を第一回定例会として隔月ごとに委員長によって招集された。同じく、会計検査委員会や選挙管理委員会が置かれ、学生たちは中央委員の認可を得て研究クラブなどを組織することができた。研究クラブには、経済クラブや実務研究クラブなどの他に、家政科の学生たちを中心にして女子学生だけでの華道研究クラブなどがあり、活発に活動した。同クラブは、八〇名の部員がおり、二グループに分かれて週二回活動し、学外活動として華道の師範に直接指導を受けて華道の実習を熱心に行った。

各クラブを含めて学生会の活動はおおむね活発だった。学生会結成から一年後には学生中央委員会の呼びかけにより、琉球大学の学生会と懇談会をもち両大学の学生活動、アルバイトや試験対策、学外活動などの学内や学外の問題について積極的に意見交換が行われている。『沖大学生新聞』に掲載された同懇談会の記事を読むと、先に創設され、すでに八年の歴史をもつ琉球大学学生会の活動について、沖短大学生会が意見を聞くという形で進められている。その中で、琉大側からは、二年前まで沖縄に大学は琉大一つだけで競争相手がなかったが、沖縄短期大学が出来て刺激されるようになったというエールが送られている。それに対し沖短大側からは、まだ二年で暗中模索だが、今後はお互いに手を取り合って歩み、立派な大学にしていきましょうと応えている。

学生生活については、双方ともほとんどの学生が家庭教師を中心にアルバイトをしており、なかにはコーラ販売のアルバイトの収入がよいことや、軍作業でアルバイトをして相当な収入をもらい逆に実家に送金する学生もいるとの発言もあり、当時の学生を取り巻く社会状況や教育環境の一端がうかがえる。

一九六〇年五月に、沖短大で全学生を対象に生活実態調査が行われている。それによると、学生一人当たりの一ヶ月の生活費は約一八ドル四六セント（当時は一ドル＝三六〇円）で、そのうち食費が約五ドル四四セント（自宅通学者の食費は入っていない）、授業料五ドル、書籍代二ドル一九セント、バス賃（通学費）一ドル七七セント、交際費一ドル一一セント、衣料費四三セント、その他一ドル二四セントとなっている。それをもとに計算すると、学生が卒業するまでの二年間の生活費は約四四三ドルかかり、当時の沖縄の一人当たりの平均給料五〇ドルで割ると、約九ヶ月分の給料に匹敵することが記されている。この調査結果から、当時の沖短大生の質素でまじめな生活実態が浮かび上がってくる。

当時、学生たちのきびしい懐ぐあいに直結した校内の身近な話題としては、多くの学生や教職員などから不平や不満が提起された学内食堂の改善問題があった。また、初の卒業を間近にひかえていたこともあって、就職問題が学生たちの大きな関心事であった。先の琉大生との懇談会で、琉大側から原水爆基地化反対集会、その他平和運動について短大学生会はどう思うかと問われたのに対し、短大側は学生会ができてまだ一年なので学生会に対する認識も弱く流会が多いこと、短大生は勉強や自分の成績に関心はあるが社会問題はまったく無関心だと答えている。五六年の〝島ぐるみ闘争〟のさいデモに参加して処分を受けた第二次琉大事件に代表されるように、沖縄の社会的問題に積極的に関心を寄せて行動していた琉大学生会と比較して、当時の沖縄短大学生会は自らの成績や学生生活に関心を寄せることにとどまっていた。沖縄初の私立大学の創設からまだ二年しか経っていない沖短大生にとって、社会問題よりも、大学当局と積極的に協力しながら大学の内容充実に関心や努力を傾注していたことが、この対応からもうかがわれよう。

第一期の短期大学の学生たちにとって最も大きな思い出となったのは、五九年一一月末に三日間にわたって開催された第一回沖縄短期大学学園祭であった。私立大学最初の学園祭ということもあって社会的にも注目され、前夜祭では学長、理事長を先頭に多数の学生が参加して大学周辺の真和志《まわし》地区を中心に那覇市内をパレードした。三日間の会場では各研究クラブの作品展示、二部英文科主催による全島定時制高等学校英語弁論大会の開催、琉球大学との卓球親善試合、学内各学科対抗バレーボール試合、裁判劇や演劇などが行われた。

最終日には、夜八時からファイヤーストームが行われ、全学千人余の学生たちが三重四重のスクラムを組んで気勢を挙げ、祭りは最高潮に達した。展示内容や説明に物足りなさの指摘もあったが、初の催しとしては上出来だったと参観者からのアンケート評価が残っている。『沖大学生新聞』には、ある学生の「この火は消えても、われわれ第一期学生の胸深く刻まれ一生忘れることの出来ない学園祭だった」と感極まったコメントも掲載されている。

そして六〇年五月七日、第一回の沖縄短期大学の卒業式が琉球政府行政主席や立法院議長、米民政府教育部長をはじめ多数の来賓を迎えて挙行された。第一回卒業式では、昼夜間部を含めて四四六名が卒業を認定されて証書を受け、卒業学生の中から優秀学生として理事長賞五名、学長賞六名が表彰されている。卒業式の様子を伝える当日の夕刊には、昼間働きながら夜間部を卒業した「三十四歳のお父ちゃん学生」という見出しで、「戦争のため大学の夢を断ち切られたが、戦後働きながら家庭をもち、ようやく憧れの大学を卒業できた」という写真入りの棚原勇吉のコメントが報じられている。

他方、同時期の本土では学生や労働者を中心に安保闘争が闘われ、政府により日米安保条約が衆議院で強行可決されて騒然となっていた。六月一九日午前零時、国会を包囲して座り込んだ数万のデモ隊が見守る中で、新安保条約は「自然承認」となった。同日、アイゼンハワー米大統領が沖縄にやってきたが、青年労働者や琉大学生たちの阻止デモにあい、わずか二時間の滞在で予定を変更して韓国に向かった。だが、創立まもない当時の沖短大の学生たちの関心は、そのような社会問題よりも大学の成績や学生生活のほうに向けられていた。

2　四年制沖縄大学の誕生

✴初の私立四年制大学

一九六〇年代に入ると、米国の沖縄統治政策も強硬政策から宥和政策へと変更され、沖縄社会は復興から経済発展へと徐々に歩みはじめる。沖縄短期大学は、五九年八月から「四年制沖縄大学」設置準備を開始し、九月から学園本館兼図書館建築設計を始め、翌六〇年一二月に本館兼図書館が竣工した。そして六一年一月には理事会において、沖縄大学を設立することと、同年三月に沖縄短期大学を廃止し、同短期大学一年生は沖縄大学短期大学部の二年生に編入することが決議され、二週間後に沖縄大学設置認可申請書が提出された。それを受け二ヶ月後の三月一〇日、第八三回琉球中央教育委員会において、中教委指令第四五号により沖縄大学の設置が認可された。

一九六一年四月二五日、沖縄大学は、沖縄で初の私立四年制大学として開学式と入学式を挙行した。さらに五月五日には開学祝賀式典が、琉球政府、米民政府、教育関係、政財界関係者四百人の来賓を招待して盛大に開催されている。祝賀式典は朝一〇時半から始まり、第一会場の運動場では記念式典のあと沖縄高校生と短大生によるマスゲーム、第二会場の短大ビルでは各学科の作品展示会、第三会場の短大ビル講堂ではバンド演奏や琉球舞踊の披露による祝賀会が挙行された。

とくに記念式典では、沖縄初の私立の四年制大学の誕生ということもあって、大田政作琉球政府行政主席、長嶺秋夫立法院議長に加えて、キャラウェー高等弁務官が来賓祝辞を行った。在沖米軍の最高司令官であり、沖縄の最高権力者であった高等弁務官が、沖縄大学の開学式典に来賓として祝辞を述べたことは、当時、経済界出身の嘉数昇理事長の政治力が大きかったことを示すエピソードといえよう。

キャラウェー高等弁務官は、大学の社会的役割について言及したこの祝辞の中で、大学における研究の重要性を説き、研究を怠り学生に知的刺激を与えることのできない教員はすみやかに大学を去るべきだと強調している。それは、自ら一日一四時間も働き、部下にも過大な要求をして「仕事の鬼」とも称されたキャラウェーの姿勢を髣髴させるような内容である。そして最後に、彼は、「沖縄大学は、自らの進路を描くとき、一人一人の学生の能力を最高度に高め、人々に支持されるリーダーシップを社会に供給し、社会の実際的問題を研究するという、大学本来の役割を全うする

1961年５月５日の開学式典で祝辞を述べるキャラウェー高等弁務官、右は通訳。
（嘉数昇明氏提供）

ことを目標にしているものと信じております」と祝辞を結んでいる。

このように沖縄大学の開学式典は大々的に挙行されているが、この時期の沖縄社会の状況を見ると、その一週間前には祖国復帰県民総決起大会が開催されて約六万人が参加し、その一二日後には渡航拒否抗議デモで琉大生二四人が検挙されている。沖縄大学の開学を祝った沖縄社会は、前年に結成された祖国復帰協議会を中心に「平和憲法下への復帰」を求め、嵐の季節に突入していったのであった。

✴創立時の沖大

沖縄大学創立期の学生数は九五九人で、在学生が四〇三人、新入生が五五六人であった。学部は文学部、法経学部、短大部の三つに分かれ、文学部、法経学部の学部学生数が三三七人で、短大部は六二二人であった。さらに、昼間部が四八六人、夜間部が四七三人で、昼・夜間部の学生の割合は半々となっており、この数字は沖縄大学創設期において、いかに勤労学生の割合が多かったかを端的に示している。また、学科は文学部に英文学科、法経学部に法律学科と経済学科、短大部では英文、商経、家政、初等教育というように四学科に分かれている。教員は、学長の山城篤男をはじめ教授二人、助教授が四人、講師が二四人、助手一人、招聘教授が八人で延べ三九人という構成でスタートした。

施設面では、大学の校地面積は五五五七平方メートルで、運動場は一万四〇平方メートルであった。校舎は、コンクリート三階建ての短大ビル（六九三平方メートル）と四階建ての学園本館兼図書館（一三八六平方メートル）の既設の校舎のほか、八月から四階建て一六教室の大学ビル（一七八〇平方メートル）の建設に着工、翌年四月に完成した。

また、沖縄大学の特徴としては、奨学金制度に力を入れており、全収入の一％（六一年度は二五〇〇ドル、現在は全収入の約四％で約七千万円）を奨学金に当てている。給費生、貸費生、特別貸費生制度を設定して、経済的に恵まれない学生に対する授業料を免除する方針が開学当初から打ち出された。この奨学金制度の充実は、創設当時から現在まで一貫して続いており、沖縄大学の特徴の一つである。

四年制大学が開学して一ヶ月が過ぎた六月には、第一期学生会長選挙が実施され、投票率九一・七％で短大部商経科二年次の比嘉正吉が当選した。さっそく同月には、琉大・沖大・国際短大・那覇・コザ看護学校の学生による「バス賃値下げ拡大協議会」を結成し、沖大学生会は学内だけでなく、街頭での署名運動を展開している。鉄道のない戦後沖縄社会では、唯一の公共交通機関がバスであり、バスの持つ社会的意味は大きく、大学生を中心とした値下げ運動はすぐに広がった。このことに見られるように短大創設から三年間を経て、沖大学生会も大学内の問題だけでなく社会的問題にも徐々に関心を寄せていったことがうかがえる。

ところで六一年九月には、沖縄高校の校長、沖短大・沖縄大学の学長を歴任した山城篤男が退任することになった。山城篤男は沖縄民政府文教部長の当時から、沖縄の地に四年制大学を設立することにきわめて熱心だった。六ヶ月という短い在任期間での退任は、山城本人の申し出によるものと言われている。ただ、当時の資料には、理事長と学長の意見の齟齬や、次節で述べるように沖縄大学教職員より理事長への要請として、この学長の退任問題をすべて白紙に戻すことなどの抗議記録が見られるなど、この辞任のあり方には不自然な点も少なくない。沖縄大学の開学時は、前述した盛大な開学式典にみられるように、財団法人嘉数学園にとっては基盤も整った最も華々しい時期であった。ところが、実はこの頃から、理事長の学校経営の強引さが目立つようになり、そのあり方をめぐってさまざまな問題が噴出するようになる。

Ⅱ

学園民主化の嵐の中で

1967年11月６日、学内抗議集会で「自主管理」を宣言した。

1　初期の民主化闘争

✴沖大教職員労組の結成とスト

沖縄大学の設置認可が承認された二週間後の一九六一年三月二三日、沖縄大学教職員労働組合（委員長・狩俣真彦。以下、沖大教職労と記す）が結成された。その八日後、沖大教職労は理事会に対して、担当時間数や教授任免について、初めての団体交渉を申し込み、交渉を行った。その後も、ほぼ毎月、教職員の待遇問題について決議要請や団体交渉を続けている。

七月、沖大教職労は臨時総会を開催し、人事委員会勧告を適用して基本給を引き上げることとベースアップを決議し、理事会に要請した。それに対し理事長は、基本給の引き上げは行うが、予想入学者や在学生が定員に満たず収入が大幅減収のため、ベースアップには応じられないと回答した。だが他方では、役員報酬の改正を行い、理事長や理事の報酬については引き上げを行っている。

そこで沖大教職労は、九月、再度ベースアップと前述の学長人事について要請決議を行ったが、理事長から回答はなく、一〇月には山城篤男の後任として琉球政府前文教局長の真栄田義見が学長

1962年４月に竣工した大学ビル。学部講義室や研究室などに当てられた。

に就任した。その後、学科の新設と改変が行われ、六二年四月から商学科が新設されて法経商学部となり、一方、入学者が少ない家政科を廃止するため入試面接のさい希望者に転科を勧めている。

当時の教授会では、家政科の廃止の件について学生たちから、教育的見地に立って考えてほしいとの要望があるとの意見も出されたが、理事会の決定により、志願者減少のため六三年三月に短大部家政科二年次の卒業生を最後に廃止されることが決まった。このように経営的な観点だけで強引に家政科を廃止した理事長の姿勢は、その後も大学を私物化し大学民主化に反した行為・事例として批判を受け、尾を引くことになる。

翌六二年五月二五日、教職員の待遇問題について、沖大教職労と理事会側は団体交渉を行ったが物別れとなり、翌二六日、沖大教職労は理事長・学長に対して最初のスト決行（同日午前九時一〇分より）を通知した。それに対し同日、真栄田学長は沖大教職労各組合員宛に「沖大労組スト実施について思う事」という文書を配布、その中で学長は、「琉大で支払われた一時金の約七〇%相当額を支払うよう努力すると理事会で決めたので、これでも不服なら理事長と話し合ってくれといったのに、突如ストに入った」と組合の行動を非難した。

しかし、沖大教職労の要望は、たんなる待遇改善という問題だけではなかった。これまでの理事長の一方的な学校経営のあり方に対して、溜まりたまった不平不満に基づいたものであった。同日、沖大教職労は総会を開いて、「学長および理事長への要望事項」として以下の三点を可決、直ちに学長へ通知している。

第一点は、民主的大学運営のための機構改革――①教授会・評議会・理事会の民主的運営のあり方の検討と実施、②嘉数津子常任理事の更迭。

第二点は、教職員の待遇改善――①研究条件の改善として、研究室の整備、図書館の充実。②経済的地位の安定として、一九六一年七月に遡及して一律一五%のベースアップ、③夜間手当ての支給、④研究費補助、⑤入試手当の支給。

第三点は、学生の福利厚生――①学生課を学生部へ昇格、補導課の設置、厚生課設置。②教務部の人員増による二部学生へのサービスの拡大。

それに対して、嘉数理事長・真栄田学長からは次のような回答があった。

第一点の機構改革――①教授会・評議会・理事会の民主的運営のあり方の検討と実施については、規定に従い民主化されている。②常任理事更迭の件は、理事会において適法に選任され主として財政面を担当しており、更迭は考えられない。

第二点の待遇改善――①研究条件の改善については逐次改善する。②経済的地位の安定については、今回のストにより学内体制に世間の疑惑を与え、よって今後、大学の入学生・在籍の減少による収入減などが予想されるので、再検討せざるをえない。③夜間手当支給については、協定された時間数は昼夜を含むので夜間手当は支給できない。④研究費補助については、研究図書費・沖大論叢出版費・研修留学費など補助しているので他の研究調査については予算の範囲内で考慮したい。⑤入試手当の支給については、答案学生一人当たり五分とみて、生徒数により時給算定し支給することを、将来、実施したい。

第三点の学生の福利厚生――①学生課の学生部の昇格については、学生数の増加、学校規模の拡大により将来考慮する。②教務部の人員増加によって二部学生へのサービスの拡大は要望通り考慮する。

以上の回答とともに、理事長は沖大教職労に対して次のような要望書も送付した。

①一日も早くストを解除し教職につくこと。②労使協調を早く見出すため団体交渉を要望する。③琉大や政府教職員並みの待遇を要望しているが、彼らにはスト権はない。④将来の大学像の具体例を聞きたい。⑤要望への具体的説明をするので学校財政面をよくみてもらい、それに詳しい代表

者の参加を望む。⑥就業規則はよく守ってもらいたい。

そして理事長は、その翌日、沖大教職労に対し前記の要望書の説明のため団体交渉を申し出た。

それに対し沖大教職労は、翌二九日、学長に対してスト解除（同日午後五時五分）を通知するとともに組合総会を開催し、①一五％給与引き上げ、②年休や退職金算定法など一三項目すべての面において政府教職員並みの待遇要求などの要求事項を決議して、理事長に同決議事項を通知した。

✴労使対立への学生の視点

一方、学生たちも、こうした沖大教職労と理事長とのやり取りに対して積極的に行動を起こしていた。沖大教職労のスト決行中に、沖大一部学生会(会長・平田博)は、真栄田学長に対し、一日も早くこの事態を解決するよう要望書を提出した。当初、学生会は、沖大教職労のストに対して批判的であったが、理事長側と教職労側の説明を聞いた後から、学生の立場として教授側の提起した大学改革の方針を支持するようになった。当時の沖大学生新聞はその論説で、不意打ち決行した今回のストは、明らかに教授側の誤りであり、世間から沖大の教授たちは自分たちのベースアップのためストに突入したと思われても仕方がないと批判しながらも、次のように指摘している。

「今回のストで一番不利益をこうむったのは我々学生である。学生に対してスト突入前に説明もなくいきなりヌキウチに講義をストップ、知らずに登校した学生をとまどわせた。学生会でもさっそく臨時学生総会を開いて教授会側、理事側の説明ののち話し合った結果、今回のストは教授側のスト突入の方法の是非は別として、教授側の要求が最も妥当であり学生の犠牲は我慢しても徹底的な学園改革のために教授側を支持していく方針を採る事に決まった」

しかし続いて、前述したスト解除からすでに三ヶ月が経過したが、教職労が要求した三点のうち教職労のベースアップ以外になんら進展はないとして、教授側にも次のような趣旨の苦言を呈している。

「最近学生の間で教授側のストは自己のベースアップのみであるとの声が聞かれる。教授会及び理事者側はスト解除後に、学生の福利厚生その他の要求問題に対する学生への説明を行っていない。一番不利益をこうむったわれわれ学生に対して教授会はなんらかの説明をする必要があるのではないか」

このように理事長側だけでなく教職労にも学生会が提起した批判的視点は、教職労や理事会側に対して、改めて学生会の存在意義を示すことになった。一〇月二九日には、学生会とは別に、二部法学科二年次学生一同より、理事長・学長へ沖縄大学建学促進に関する上申書として、教務部の事務機構・陣容の刷新改革、時間割編成の改善など一四項目にわたる要望書が提出されている。さらに、学生会(会長・志田安則)は理事長学園側、教授会側と相次いで懇談会を開催し、学生会の主張を提起した。

六三年三月、学生会は理事長に対して、①校風の刷新、②校内各施設の充実、③学生活動の充実、④教授人員の充実促進、⑤各部科廃止の絶対禁止、⑥一般教養科目(選択)の増設などの六項目を提案した。

また、同年六月、学生会は教授会に対して、①学園の民主化、②本土大学との提携の件、③学内施設の件、④諸納入金の使用明細開示、⑤校歌、バッジ改正の件、⑥大学祭期日変更の件、⑦教授と学生の緊密化、⑧その他――の八項目を提案している。

そして学生会は、「我が沖縄大学の発展及び資質の向上をはかるため」として、独自に次のような「趣意書」を学長に提出した。それは、「……戦禍のため沖縄における教育が本土のレベルに遅れているところをおぎなうために……我が沖縄大学内に潜んでいるコンプレックスの排除をなし、意気の高揚を図るために、ぜひ本土における特定の大学と提携することを実現したい」という内容で、具体的事項として、①学術研究の提携、②スポーツ及びサークル活動の交流、③教授の交換及び学生の交換、④姉妹校として交流を深める、などを指摘し、提携予定校として神奈川大学をあげている。その提携がどの程度実行されたかははっきりしないが、その精神は半世紀後の現在も本土大学教員による集中講義授業や提携校との交流などに受け継がれているといえよう。

労使対立という厳しい大学の教育環境にありながら、そのような学生たちの積極的な姿勢や行動は、他の沖大生の活躍にも散見される。例えば、六二年七月、法経商学部二年の波照間用展は、沖縄県代表として九州各県対抗陸上競技大会の二百メートル走に参加し、みごと優勝を勝ち取っている。そうした積極的な学生たちの存在は、その後の沖縄大学における民主化運動の展開において、第三の極として重要な位置を占めるようになっていった。

✴沖大教職労スト権確立と三大要求スト

六三年六月二一日、沖大教職労（委員長・平良恵三）は、嘉数昇理事長に対して次の三点の要求書を送付した。

第一点は、理事会の民主化要求。①理事会の構成において、理事長と常任理事の重要ポストを親族で占め大学の私物化を強めているのを改善し、理事の任期・選出方法を明確にすること。②理事会のあり方において、理事長は権限の濫用及び夫妻による理事会支配を是正し、理事会の民主化を図るため理事会の審議・決定内容は教授会へ公開し、理事長・常任理事・学長の出張目的・費用などを明示すること。

第二点は、予算の合理化要求。理事長交際費を最低必要限度に止めること、常任理事が給与の外に理事手当てを受領するのは不当であり、理事報酬は毎月払いでなく会議出席者に日当を払うこと、理事長宅お手伝いの給与を授業料から支給するのは公私混同であり、その不当支払い額は払い戻すこと、施設費の流用は避けること、大学用地に関して公開することなどを要求。

第三点は、給与の改善要求。教職員の平均給与を一五〇ドルに引き上げ、ボーナスは年間を通じて給与の二五〇％から二〇〇％に引き下げる。

六月二六日、理事長は、この沖大教職労の要求書に対して、第一点と第二点は経営権に属することで文書回答の必要を認めないが必要であれば後日説明する、第三点の給与改善の要求額は琉球政府職員を上回る高額なので受け入れられない、との回答を寄せた。

その回答に対して、同日、沖大教職労は組合総会を開き、スト権確立を決定して、理事長へスト権確立を通知した。七月三日、嘉数理事長は、沖大教職労の要求書に対して再度、次のように回答した。

第一点の理事会の民主化要求では、他県の私学でも夫婦親子で枢要な地位を占めていることは多く、法律規則で管理運営されているので私物化とはいえない。理事の任期は規則で明確であり、出張も規程によってなされている。理事会の重要な決定事項は直接的な伝達方法を考えたい。第二点の予算の合理化要求では、常勤理事が給与以外に手当てを受けたことはない。理事長宅秘書や秘書以外の私事的給与は学園から支給していない。施設費の流用は経常費の赤字で止むを得ずやったが、流用はいけない。土地に関しては資料によって詳しく説明したいと回答した。

しかし沖大教職労は、これでは不十分だとして、真栄田学長に対し七月九日午前九時より一部学生の講義を放棄し(二部は講義継続)、無期限ストに突入することを通知した。

その無期限ストが二〇日間を過ぎて長期化の様相を呈した状況の中で、七月二七日、琉球政府の中央労働委員会(会長・赤嶺義信)は沖縄大学理事長・嘉数昇に対して、沖縄大学の労働争議について職権斡旋開始を決定し、斡旋員と担当職員を指名した旨の通知とともに、事情聴取のため理事長と学長の中労委事務所への出頭を求めた。

こうした動きを受けて二日後の二九日、沖大教職労は午後三時を期してストを解除する決定を行った。しかし、理事会側は同日、大学教職員のスト期間中の賃金カットについて決議し、対決色を一層あらわにした。

では、学生会は、この無期限ストをどのように見ていたのだろうか。沖大学生新聞は、志田学生会長の発表として「尾を引く学園争議／ついに条件付譲歩で意向を表明／長期化の原因」という見出しで学園争議の経過について次のように報じている。すなわち七月九日に教職労がストに突入し一部の講義を放棄すると、学生会も授業放棄に移った。一四日に全学生が事務局前に座り込みを行い、さらに一八日は約二〇〇人で市内デモを行って、大学グラウンドで抗議集会を開いた。こうした学生会の動きを見て教職労は、これ以上の授業放棄は学生たちに迷惑をかけると、二九日にストを解除したと学生会に伝えた。

このように学生会は教職労と共に行動したが、一般の学生たちは二〇日間も続いたストに対してどのように考えていたか。その一般学生の心情を思いはかるものとして次のような数字がある。夏休みが終わり、対策実行委員会（志田委員長）は、後期授業料の納付を呼びかけたが、ストで休講になった一部学生の納入率は一〇月二三日現在で何と五三％しかなかった。この数字から、ストに対して一般学生の中には批判的で複雑な思いがあったことは容易に読み取れよう。

この後、一二月には沖大教職労と学園理事会の間で労働協約が締結されることになった。翌年一月の教授会で、真栄田学長から嘉数津子常任理事が理事を辞職し、図書館長兼教授として教授会に出席するとの報告があり、本人からも図書館長として図書館の内容充実を図りたいとの説明がなされた。そうしたこともあって、その後しばらく学園内は小康状態が続く。しかしそれも長く続くことはなかった。

✴初めての学長選挙

六四年三月、真栄田義見学長は任期満了を迎え辞任することになったが、すぐに横すべりして理事及び顧問に就任することになった。その辞任から新たな学長が就任するまで、教務部長だった嘉数武松（数学）が学長事務取扱となった。その後、教授会において初めて無記名単記投票による学長選挙が行われ、投票総数二〇票のうち一六票を集めた嘉数武松が選出された。嘉数の選任は、理事会でも承認され、第三代の沖縄大学学長に就任した。

この教授会の選挙により学長が選出されたことは、沖縄大学の民主化にとって大きな意義をもった。沖大学生新聞は、「新学長就任に際して思う」という論説の中で、学生の立場からその意義を次のように述べている。

「新学長に寄せる期待は、大なるものがある。それは新学長が民主主義の原理に立脚して選出されたことによる。従来の理事会による一方的な任命に取って代わって、教授会による選出により任命されるという極めて民主的な方法によるものだった。それは、学園が非民主的なものから民主的なものへと変遷して行く過程を如実に証明するもの」だ。そして、選挙による「学長の民主的選出方法は去年の我々のストの生んだ最も特筆すべき結果である」と評価していた。

この文章だけでなく、当時の大学に関係する資料では、「民主的」という言葉が数多く使われており、その「民主的」という言葉に強い願望が込められていることがわかる。この「民主的」という言葉は、大学自治に関するだけでなく、米軍の沖縄統治に対する沖縄社会の願望や要請を表しており、その反映であったともいえよう。六〇年代前半から、沖縄社会では民主主義の指標として、例えば琉球政府の主席選出において米国高等弁務官より任命される「任命主席」という従来のあり方から、住民の選挙により選出される「公選主席」への実現が強く主張されていた。選挙による主席の選出は、まさしく民主主義を表す指標として認識され、その実現が広く要請されていたのである(その後、六八年に主席公選が実現し、屋良朝苗が主席に当選する)。

こうした状況の中で、沖縄大学の学長選出についても、これまでの理事長任命から教授会選挙による選出方法への変化は、学園民主化の進展として受け止められた。ところが、初の教授会選挙によって選任された嘉数武松は、五月二〇日に正式に沖縄大学学長に就任することになったものの、理事長と親戚関係にある嘉数武松の学長就任は皮肉にも理事会の構成員に関連して新たな火種をもたらすことになった。

同年一二月に開催された理事会で、理事進退について話し合われ、次のような事項が決議された。沖縄でも私立学校法が制定されると(一九六五年九月一〇日公布)、三親等内の理事を二名以上置くことはできないので、①嘉数武松学長兼理事の理事辞任届は受理するが、理事会には参与として出席する。②嘉数津子図書館長兼理事は理事に留まる。③大学教職員の中から学長が推薦する者一名を理事に選定する。④前記の時期・方法については理事長に一任する。

この理事会決定は、一〇日後に開かれた教授会に報告されたが、ここで新たな問題を引き起こした。教授会は一二月三〇日に次の要望書を決議、嘉数理事長へ送付している。
①学長を理事から除外することは私立学校法(案)にも、財団法人寄付行為にも違反するので、学長を職責上の理事として選任すること。
②教務担当常任理事は必要を認めない。
③図書館運営は学長直轄にすること。理事報酬は本学の全体的バランスの下に決定し、非常勤理事の手当は日当制にし、ボーナス支給は廃止すること。
この要望書に対しては、卒業式や入学式などの日程が続いたこともあって、理事長からの回答はなかった。その後、教職労から理事長に対して、待遇改善の問題について団体交渉の要望書が送付されるが、この時期に団体交渉が行われたかどうか、資料では確認できない。理事会は、六五年六月に全評議員が任期満了になったので改選し、一五名を新たに選任している(留任一三名、新任二名)。

ところで、六四年三月には学生たちが待望していた学生会館が完成し、三ヶ月後に共済会食堂や売店が開店した。また一一月には、卒業生から切望されていた沖縄大学同窓会（初代会長・棚原勇吉）が結成された。六五年夏には西原町グラウンドの整備が理事長の要請により米陸軍輸送隊によって着工され、一一月末に総合グラウンド野球場が完成した。また、六五年九月に米留学生合格者が発表され、沖縄大学から修士課程へ一一名、学士課程へ九名の多数が合格し大きな話題となった。

2 「学園分離」をめぐる対立と紛争

✴「学園民主化の為の四氏退陣要求書」

六五年一一月一七日、教授会が開かれ、翌一八日に理事長宅で急きょ開催予定の評議員会に対する抗議と、女子短期大学設置反対を決議した。というのは、六四年末から理事長や教務担当常任理事を中心に水面下で構想していた女子短期大学設置計画が明らかとなり、急きょ設定された一八日の評議員会で計画案が決議される予定だということがわかったからである。

翌一八日も教授会は続けて開かれ、評議員会開催阻止を再度決議し、全教員が理事長宅に集合した。評議員会は理事長宅で女子短期大学・女子高校設置の件で強行開催されたが、教授会と学生会による女子短大と女子高の学園内設置に対する反対の抗議により、途中で理事会は中止され、翌一九日夜に理事長と教授会がこの件で会談することになった。しかし、深夜まで及んだこの会談は物別れとなり、この女子短期大学・女子高校設置の件によって教授会と理事長との亀裂はさらに決定

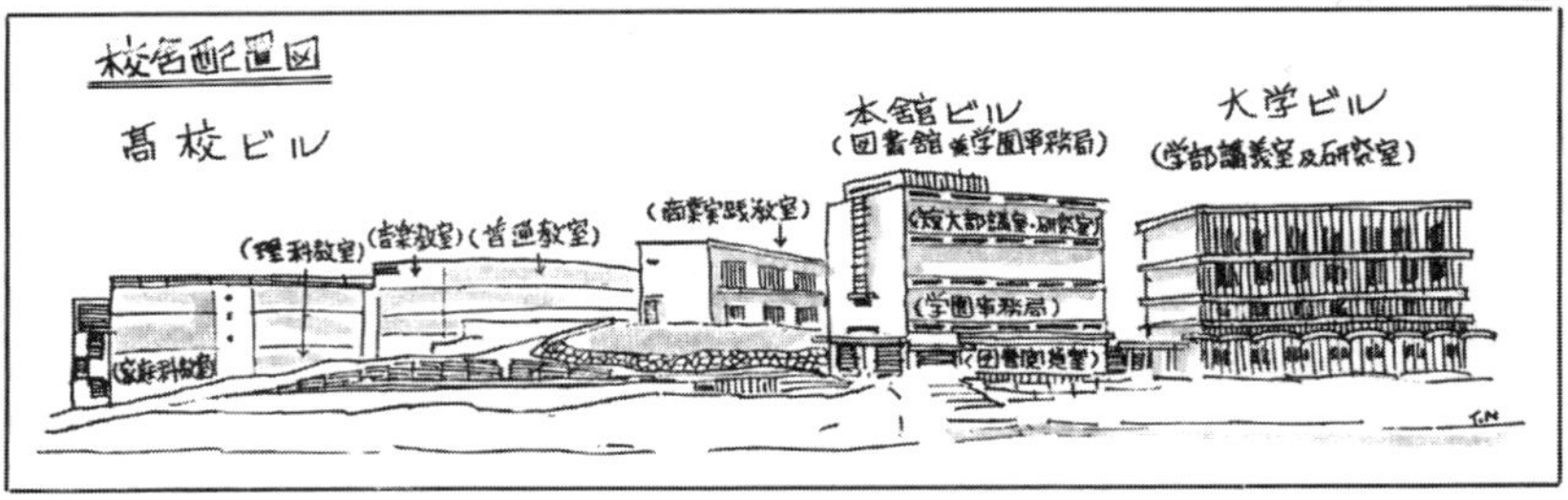

1962年頃の嘉数学園の全景と校舎配置図

的となった。

学生会も教授会の主張に賛同し、これまで同様に連携して行動することになった。学生会は教授会に対して、女子短大設置問題だけでなく、学園の民主化を図る運動に関与するため、予定された大学祭を一週間延期する要望を提出して、教授会により大学祭の延期が認められた。

六五年一一月二五日、学生代表三〇人が「学園民主化対策委員会」を結成し、①独断で家政科を廃止するなど学園を私物化した嘉数昇理事長の退陣要求、②女子短大設置や常任理事退任という学生会との協約を無視した嘉数津子常任理事の退陣要求、③水道光熱費徴収を強行し学生共済会を弾圧した事務局長の退陣要求、④新聞や機関紙検閲など学生自治権を侵害した学生部長の退陣要求、という「学園民主化の為の四氏退陣要求書」を提出した。

その後、教授会・学生代表と理事長・常任理事との会談が行われ、理事長から、①常任理事が辞めるさいの条件案、②理事長が経済界復帰して辞めるさいの条件案、③法人を大学と高校に分離する案、④実力行使があるさいは前項①〜③を取り消す、との四案が提案された。

それを受けて、教授会は翌日、①常任理事即時退陣、②学長の理事復帰、③図書館長、学生部長は教授会において選出、④事務職員人事は試験制度で採用する——ことを決議した。

一方、常任理事は学生側から提出された決議文と協約書を受理し、以下の内容の協約書に押印した。①常任理事は個人としても学園に残らない、②理事長は寄付行為変更のさい教授会、学園民主化対策委員会の要求を全面的に受け入れる、③女子短大、女子高校を学園内に創設しない、④以上の協約を速やかに履行のさいは実力行使をしないとの覚書を取り交わす。

以上の動きを受け、教授会はさっそく、学園民主化の事後処理に対応するため、教授会の中に運営研究会と機構研究会を創設し、全教員がいずれかの委員になることを決定した。さらに、学園民主化のために、教授会・学生会・事務職員労組との三者による組織作りに着手した。

✴家政科再開問題

ところが、六六年一月、理事会は女子学園設置問題について、嘉数津子常任理事が辞任する条件として家政科を復活再開させ、同理事を教授として留任させることを決議した。そして、教授会との会談で、理事長は家政科再開を要望した。これに対し、教授会は、大学と高校の分離を強く提案した。その後、何回かの要望と回答が相互に交わされ、膠着状態が続いたが、教授会は二月五日、理事側に分離する意志はまったく見られず、もはや話し合いでの解決はできないと判断して決議文を作成し、ストに突入した。その決議文の前文で紛争の発端を次のように記している。

「一九六二年理事会は教授会の反対を押し切って家政科を廃止したが、まもなくその失策を悟り、一九六五年六月教授会に対し、家政科の再開を提案してきた。教授会は理事側のこのような成り行き主義的教育観に対してこれを否認してきたが、そのすり替え策として、一九六五年一一月一八日、理事会は学園内に新たな女子短期大学を設置する案件を採択すべく秘密裡に学園評議会を理事長宅で開いた。かかる重要案件をなんら教授会に諮問せず一方的に事を運ぼうとした理事会側の非民主的な態度が今回の紛争の発端である。沖縄大学における過去幾度かの学園紛争の根源は常にこのような嘉数夫婦による独善的な運営方法に起因している。」

また、教授会が大学と高校の分離案を提出したのに対して、「理事長は口頭で同意を示し、事態は解決の兆がみえるかに思えた。しかし、その回答を文書で明確にする段に至り、理事長は言を左右し、……ここに至っては教授会は万策尽きたと判断し最後の手段として実力行使をもって理事会に事態解決を迫る」ことになったと記している。

その後も、教授会・学生会と理事会との間で文書による交渉は続いて、ようやく二月九日、理事長が教授会代表四人、学生代表七人と話し合い、分離問題に関し「学園外(法人別)の女子短大女子高校を設置する件について、お互い協力する」という点で事実上妥協が成立し、ストも解除された。

その後、ストのため延期されていた学期末試験、さらに卒業判定、入学試験、卒業式が遅れて実施された。

こうした学園の状況について、文化サークルで活躍して六六年三月に卒業したある学生は、学生新聞の中で次のように記している。

「六三年の家政科廃止に端を発した沖大の学園民主化問題は依然と解決されず、在学四年間で三回のストが決行され『スト大学』とまで呼ばれた。しかし、ストは一部の学生の扇動ではなく、学生一人ひとりが心のそこから沖大の発展を願う叫びだった。その中でクラブ活動は活発に行われ、大学祭に間に合わせる活動ではなく、年間を通じた計画的活動が行われ一大飛躍を成し遂げたのである。そこには、学園の民主化闘争に参加し、同時にクラブ活動にも熱心に関わって、たくましく大学生活をすごした当時の沖大学生の認識と行動の一端が示されている。」

この文章は、当時の沖大生の一般的な認識を示している。

✴復帰運動の高まりを反映

この時期、理事会に対して交渉や実力行使が続く中で、教授会の中における一つの変化を示す事例が確認できる。これまで沖縄大学は、理事長の意向で開学式でのキャラウェー高等弁務官の来賓祝辞以来、米国高等弁務官を卒業式に招聘する慣行が続いており、そのことに対して教授会の中ではほとんど問題にならなかった。高等弁務官は米軍統治時代、沖縄での権力の頂点に立ち、沖縄に駐留する米陸、海、空、海兵の四軍の調整官を兼任する、植民地の総督に匹敵する最高権力者である。六五年三月の卒業式では、ワトソン高等弁務官が卒業生への祝辞として次のような見解を表明している。

「自由を、すなわちあなた方の自由を、日本の自由を、米国の自由を、そして世界の自由を破壊しようともくろむ共産主義の脅威がもし存在しなかったならば、米軍はここに駐留していない。私たちすべてが共通の危険に直面しており、私たちはこの危険に対して私たち自身を守るために最もふさわしい努力を共にすべきである。」

この前年度の高等弁務官の祝辞内容も背景にあったのであろうか、六六年の卒業式を審議する教授会で高等弁務官を招聘すること、すなわち軍人を招聘することの是非が初めて論議され、二回にわたる投票で可否同数となったすえ、議長（学長）採択により高等弁務官を招聘することが決定している。結果としては例年同様に高等弁務官を招聘することになったが、この問題が教授会で論議され決選投票にまで至ったことは、理事長の意向に反対する教授会の明白な意思表示として注目されてよい。もちろん、その背景には、当時の沖縄社会における復帰運動の盛り上がりが沖縄大学の紛争の中にも大きく反映されるようになり、影響を及ぼしていたのである。

六六年三月二九日、琉球中央教育委員会より、嘉数女子学園の設置申請に対して設置認可が認められた。それを受けて、四月一四日、嘉数津子常任理事が退任し、その後、新たに城間廣と学長の嘉数武松が理事に選任された。

✴嘉数学園からの分離へ、教授会と学生会の共闘

一方、学生会は、前に組織した学園民主化対策委員会を発展解消させ、五月に「学園分離促進委員会」（委員長・志田安則）を発足させ、全体会議で組織機構を決定した。さらに、促進委員会は、全学生を対象に大学分離に関する署名運動を展開することになる。

教授会は、七月一〇日、以下の内容の「沖縄大学分離趣意書」を作成した。

「……(沖縄)大学経営の内憂は深く、過去幾度か学園紛争を引き起こしては学内外にその醜態をさらしてきたことも覆いかくしがたい事実である。……教授会は、この事を深く反省し、これ以上悪循環を繰りかえすに忍びず、学園問題の積極的かつ最終的解決策として『嘉数学園から沖縄大学を分離する』ことを決意し、只今、総力を結集してその分離作業に当たっている。……大学の公共性を尊重し、真理の探究と教育の場としての本来の姿にかえり、沖縄大学独自の自由闊達なる学風を樹立するためには、嘉数夫妻の個人的な偏見と圧力から完全に脱却することこそ教授会の取るべき唯一の残された方法だと判断するに至った。……二番目の動機・目的は、大学発展の基礎となるべき敷地の問題にある。現在わずか七〇〇〇坪の狭隘なる校地に、沖縄高校一九〇〇名、沖縄大学一七〇〇名という膨大な数の学生を雑音喧騒の中に鮨詰めにしている実情である。……その最善の解決策は、……沖縄大学の分離移転以外にないという結論に、再び到達した。……分離の可否について研究してきたが、その結果、沖縄大学の嘉数学園からの分離は可能だという結論を得た。」

一週間後の七月一七日、理事長、常任理事、学長、教務部長、学生部長と、学生会の分離促進委員会の代表四人が集まって、あらためて分離問題について会談するが、予想された通り決裂。その会談で、学生が「(先の)教授会との協議書は学園紛争を収拾するために取り交わしたのか」との質問に対して、理事長が「そうである」と答えたため、衝突は決定的となり、物別れとなった。

それを受けて学生たちは、翌々一九日に三〇〇名の学生が集結し学生大会を開いてスト権を確立、前期授業のボイコットを決議した。さらにその翌日、学生男女二〇名余がハンストに突入した。二三日には、二部(夜間)学生たちが一部学生への支援決議を表明し、翌日には夜間学生大会を開き、決議文を朗読してオルグ活動を開始した。

一方、教授会は、分離問題に対して、分離後の学校法人沖縄大学の理事に嘉数昇嘉数学園理事長を加えないことをあらゆる困難があっても押し通すことを最終的態度として決定した。七月二八日、教授会は、分離問題に関する三小委員会――①土地・建物・施設・設備などの分離を検討する第一委員会、②大学設置基準や法制度上の可能性と方法を具体的に検討する第二委員会、③大学機構整備及び拡充計画、理事会や評議員構成の検討を行う第三委員会――などの各委員会の結論をまとめた「学園分離に関する申請書」(上申書)を理事会に提出した。

他方、理事会は、ストに入った学生たちに対して、分離問題が提起された要因は以前に前常任理事の処遇問題を契機として始まったが、現時点では分離問題はさまざまな問題を含んで簡単にいかないので、大学のためにも学生諸君の冷静な判断と理性ある行動を期待したいとの内容の文書「学生諸君へ告ぐ」を配布した。また、教授会の上申書に対して理事会は、さまざまな理由を列記し、「分離即ち、廃止→設立は不可能との結論に達した」と回答した。

学生たちは、常任理事室を訪れ、理事会が配布した文書「学生諸君へ告ぐ」について議論し、その後も常任理事らと徹夜団交をしたが物別れに終わった。

一〇月一四日、学生二〇〇人余が市街デモを行った。教授会も、分離推進本部を設置し、理事長に対して「教授会の分離に関する提案」を提出した。その後、教授会と学生たちの学園分離促進委員会が合同会議を行い、学生会が学園本部の専用車を宣伝車に使ってアピールを開始し、再びハンストに入った。

学園民主化のための紛争の中、理事会に対して同じ目標を掲げる教授会と学生会との関係はより親密になった。学園紛争を議題とする教授会で、学生たちが教授会を傍聴したいと要望して、教授会で学生の傍聴を認めることが採択され、さらに学生会委員長が教授会で学生たちの今後の対策として、全学生ハンガーストライキ、市街デモ、理事長宅前座り込みを考えていることなどを報告している。学生会の報告を受けて、教授会もその翌日に教授会の今後の行動として、①協約履行を迫り理事長宅前に全教員が座り込む、②声明文の作成、③二部学生への啓蒙運動、④闘争資金の造成、⑤資料の収集などを行うことを教授会で決定している。

✴分離協約

その後、この学園分離問題について、理事長と教授会・学生会との間で交渉が行われ、嘉数理事長を設立理事として迎える代わりに教授会が提案した分離後新設する解散設立案を認めることで、ようやく妥協点が見出された。そしてついに、六六年一一月四日、財団法人嘉数学園(嘉数昇理事長)・沖縄大学教授会(嘉数武松学長)・沖縄大学学生会(志田安則学生代表)の三者間で以下のような内容の「覚書」を締結した。

――①教授会・学生会は理事長を信頼し新しい大学の理事に推薦する。②設立される大学の機構は教授会の意見も徴して民主的に構成する。③設立作業において学生の意見も反映させる。④校地の拡張・校舎増築は六七年四月一日を目標に可及的速やかに行う。⑤その他は設立準備会で検討する。

これを受けて、学生会は学生大会を開き、三者間で「覚書」が締結された経過報告を行い、学園分離促進委員会は解散することを決めた。一方、教授会は、学園分離準備委員を選出し、分離案作成を行い、以下のような結論――①分離時期は校地・校舎の確保、債務債権に伴う問題から六七年四月一日の目標は不可能。②校地は候補地を選定し交渉の段階にある。③校地購入所要額三〇万ドルを年間五万ドルずつ返還する、という分離作業案をまとめた。

その後、嘉数武松学長の任期が終わり、教授会において第四代の学長選挙が行われ、六七年四月三日、狩俣真彦(経済学)が新たに沖縄大学学長に就任した。その一一日後、分離準備委員会は最終報告書を教授会に提出し、審議のうえ一部訂正して承認された。

六月三〇日、財団法人嘉数学園から、学校法人嘉数学園へ法人組織変更がなされた。

✴全学共闘会議のバリケード封鎖

一方、学生会は七月に「学園分離推進全学共闘会議」(議長・島袋正治)を結成して、学長、教務部長、学生部長、さらに理事長と相次いで会見した。それらの会見により、とくに理事長には分離問題に対する誠意がまったくないことを確認し、学生会は教授会に対して夏季休暇中に分離推進要請を提出した。

夏季休暇が終わると、全学共闘会議はすぐに教授会と第一回の合同討議を行い、五日後の学生大会でスト権を確立した。全学共闘会議は、前日から正門・裏門・ビル入口などにバリケードを築き大学を封鎖して、一〇月九日早朝から昼間部学生約千五百人の全学ストに突入した。

しかし、翌一〇日には沖縄大学紛争で初めて学内に官憲が導入される。翌々日、全学共闘会議は教授会と大衆団交するが、分離の時期をめぐって鋭く対立した。他方、理事会側は学校法人嘉数学園理事長名で「大学の進展は、学生、教授、理事者が一体でなければ望めない」との内容の小冊子(分離問題の経過を説明した六ページの小冊子)を配布した。

一〇月二七日、沖縄大学の学生約四〇人が嘉数女子学園(女子短大)に押しかけ、国吉静子教学課長に対して嘉数学園の評議員辞任を要求したため、学園側の通報で那覇署の警官隊が出動し、押し問答となった。さらに三〇日、学生七〇余人が嘉数理事長宅前に座り込みをしたのに対し、理事長

1967年10月31日、嘉数理事長の本土渡航を阻止しようと学生120人と教職員26人が那覇空港に集結、警官隊と衝突した。

が那覇署に警察官の出動を要請、警官八〇人余が学生たちを排除しようと衝突し、小ぜりあいで学生一人が逮捕される事態に至った。翌三一日、学生一二〇人と教職員二六人が嘉数理事長の本土渡航を阻止しようと那覇空港旅客通路で待機し、警官隊とにらみ合いのあと衝突、その間に嘉数理事長は整備所入口から飛行機に乗り込み午後五時半に沖縄から脱出をはかり大阪へ向かった。

六七年という年は、二月に沖縄教職員会の政治活動を抑制しようとした教公二法に対する阻止闘争が盛り上がり、教員を中心にデモ隊二万人によって立法院棟が取り囲まれ、本会議がデモ隊の実力行使で中止されるなど、沖縄社会における民主化闘争が激しく展開された年だった。沖縄大学の民主化闘争も、そのような騒然とした沖縄社会の状況の中でその一支流として生じたものであった。その翌年、全国の大学でも全共闘運動が燎原の火のごとく広がっていった。

3 「自主管理」の日々

✴対立激化

一一月一日、全学共闘会議(島袋正治議長)・教授会(狩俣真彦学長)・事務職員労組(諸見里安次委員長)の三者代表が合同会議を開催し、嘉数学園から沖大を分離するために三者共闘体制で働きかけることを確認した。さらに四日には、三者共同で新聞の意見広告として以下の内容の「抗議声明文(嘉数昇氏に対する)」を発表した。

「……今回の紛争は、昨年十一月の分離協約に対する理事会の怠慢と背信にその端を発している。……理事長は……闘争五週を迎え急遽本土への潜行によって事実上紛争の現場を逃避してしまった。……大学経営への誠意はなく、われわれに対する意図的な背信である……。(理事長が)自ら放棄した大学内部の諸問題に関しては、われわれは独自の努力を尽くして自主自衛の方策を講じることをもって、あくまで分離実現のため……三者の共闘体制の下に総力を結集することを、ここに声明する。」

そして、六日に改めて沖縄大学教授会・学生共闘会議・事務職員労組の三者共闘の学内抗議集会を開き、「自主管理」を打ち出して、先に三者会議で決めた①大学封鎖を来週から解いて講義再開に努力する。②授業料の自主管理。③学生事務の再開、ただし学園事務(総務・財政)は学内に入れない。④学生・教授・事務職員三者の共闘で学園分離を実現していく、との方針を再確認した。

学内集会を終えて市内のデモに出発する沖大教職労。

一方、沖大理事会は、今回の騒動で沖大学生数名に対して不法監禁・暴行・職務強要などの容疑で告訴状を提出した。それを受けて那覇署が捜査本部を設置したほか、琉球政府文教局長が沖大紛争の斡旋に乗り出し、理事会と教授会が話し合いを持つことを提案している。

理事会はまた、自主管理は違法であるとの見解に基づき、新聞への意見広告、「沖縄大学学生及び父兄の皆様へ」を発表した。そこには、①紛争解決のための教授会との会談の申し出が拒否された、②全学協議会管理下の講義は沖大の講義と認めない、③全学協議会による授業料徴収も正規の納付とは認めない、と述べられていた。その後、理事会はさらに、「敢えて皆様に訴える」と題する意見広告で学園封鎖の発端や三者協議会の主張を報告し、同時に「声明書」として、紛争の問題点に対する嘉数学園理事会の見解を発表した。

✴自主管理での授業再開と卒業・入学式

他方、三者共闘の全学協議会は、一一月一三日にバリケードを撤去し、「講義開始にあたり」という文書を発表して自主管理方式による講義を再開した。

紛争については、その後も、私立大学委員会や大学課長会が話し合いの斡旋を行い、また当事者間による文書での交渉がなされたが、いずれも不調に終わった。嘉数理事長より狩俣学長へ「学園紛争に係る要求が不明」であるとして要求書の提出が求められ、それに対して狩俣学長は、「学園紛争の責任をとって理事および評議員は総退陣する。……この件については何時でも理事と話し合いに応じる用意がある。話し合いの条件として告訴をとりさげ、私利にとらわれずに全学的立場で臨むよう要望する。」

との返答を提出した。

それから二日後の一二月一五日、理事会は、狩俣真彦学長解任・助教授罷免を通告し、臨時の学長事務取扱として宮里安雄常任理事を任命する強行策に出た。それに対して教授会は、裁判所に狩保学長の地位保全仮処分申請を行ったが、解決までに半年もかかることになり、卒業や入学など大学業務にさまざまな問題を引き起こすことになった。たとえば、二月に狩俣学長名で教員免許の申請を行なったが、文教局は学長が解任されていることを理由に書類不備として返送してきた。また、沖縄経営者協会は沖縄大学新卒者の採用にあたって、理事会から解任された狩俣学長名の文書は不備で無効であるから就職申込書を返却するようにと協会加盟の会社に対して指示を出した。

そうした中、六八年三月、学長事務取扱として宮里常任理事から高宮広衛図書館長が任命され、自主管理下の最初の卒業式、入学式が挙行された。第九期卒業生として三〇一名(学部一六二名、短大部一三九名)が卒業し、六八年度入学生として一〇六四人が沖縄大学に入学した。六八年度の大学要覧を見ると、それ以前まで巻頭に大きく掲載されていた嘉数理事長夫妻の顔写真が消えて、狩俣学長の言葉が掲載されており、大学が自主管理下に入って大きく変化したことを印象付けている。

✴理事会の実力行使と全学協の対抗手段

そのような状況下、理事会は、六八年度新学期が始まった一ヶ月後の五月一日、教授・事務職員ら四八名の各個人名義の労働金庫預金七万八五五〇ドルを差し押さえ、さらに六月二八日には六八年度入学生の入学金や授業料その他の諸費約一〇万ドルを、那覇地裁を通じて差し押さえた。この理事会の強硬措置により、自主管理下の教学財政は立ち行かなくなり、理事会と全学協議会との対立はより一層深まった。

七月一〇日、全学協議会の約二百人が学園民主化と教学費差押仮処分撤回の話し合いのため宮里理事宅へ押しかけ、宮里理事の要請で出動した警官百人と衝突を起こした。翌日、全学協議会の約五〇人が沖縄経営者協会理事で嘉数学園理事でもある新里次男宅で面会を申し入れたが拒否され、新里氏が要請した機動隊と再び衝突、そのあと沖縄経営者協会に出勤した新里理事を学生たちが沖大に連れ出したため、学生四人が不法監禁の現行犯で逮捕される事態にいたった。

これに対して、全学協議会は、立法院議長に対し、関係当事者を喚問して事態解明を要請する「沖縄大学民主化に関する緊急請願書」を提出した。そして七月一八日、今後の取り組みについて次のような内容の記者会見——①理事長・理事の退陣要求、②七月末まで一〇万人署名運動を展開、③七月二一日に父母会を開き経緯と事実を説明する、④七月二四日に第二次総決起大会開催、を公表した。翌日、国際大学の長浜真徳学長と沖縄キリスト教短期大学の平良修学長が沖大において沖大紛争についての共同記者会見を行い、「沖大の自主管理は暫定的措置だが大学の自治を守るという高い社会的価値に基づくものでわれわれはこれを支持する」との声明を発表した。また同日から、全学協議会は署名や資金カンパなど街頭アピールを開始した。

学生による授業料としての「資金カンパ」と街頭での市民カンパにより財政基盤が形成され、授業もまた、自主管理の下で順調にすすめられた。一一月には創立一〇周年を祝う記念式典が開催され、教授会では宮古台風の救済として宮古出身学生の授業料一部免除が規定を整備して認められている。その後も、理事会側と全学協議会側は自らの主張を世論に訴えるため、新聞紙上で相次いで

理事会による教員８名の不当解雇と警察の立ち入り捜査に抗議しての全学総決起大会（1969年4月11日）。

見解を発表した。そのような中で六九年二月、自主管理下第二回目の入学試験が実施され、入学志願者一七七七名、競争率三・七倍で八三五名が合格している。また、三月には自主管理下第二回目の卒業式が行われ、五八四名が沖縄大学を卒業し社会に旅立っていった。

ところが、六九年四月一日、琉球警察が「横領被疑事件」の捜査として大学に立ち入り捜査を行った。教授会は不当な捜査だとして琉球警察に抗議声明を送るが、理事会は学園の秩序を乱し内紛を助長して著しく損害を与えたとして、四人の助教授と三人の講師、一人の書記を含む八名に対し就業規則の規定に基づき解雇を通告した。そして、四月六日の理事会で、学園正常化まで大学を無期限休校すると突然に発表したのである。

それに対して、教授会は、官憲による大学自治への不当介入と嘉数理事会の教職員不当解雇に対する抗議文を送付し、また教職労は、那覇地裁の捜査押収許可の取消と押収処分の取消を求める特別抗告申立を行った。それにより、四月一〇日に取消の決定がなされたが、しかし琉球警察がさらにそれの特別抗告申立を行い、七月六日に労組の特別抗告が取り消される事態となった。

その後も、教授会、事務職労、学生会は父兄や世論に対して民主化闘争の実態をさまざまにアピールしながら、理事会側と交渉するが、両者の対立状態はそのまま続くことになる。その中で、警察本部が各高校に沖大志願者の氏名住所を照会した事実が発覚したことや、沖大生に教員採用試験の受験資格が与えられず大学の抗議により受験資格が認められたなどの出来事が明らかになった。

一一月一三日、琉球警察捜査陣が「凶器準備集合罪」で沖大に捜査に入った。教授会は、この警察の学内捜査に、三度目の抗議書を送付して抗議した。その後、全学協議会は嘉数理事長に話し合いを申し込むが、理事会は話し合いができる状態にないと拒否を貫き、一二月二二日、「沖大構内立入禁止」を地元二紙に一方的に発表した。そして七〇年一月七日、理事会は大学を封鎖する強硬策に出たのである。

✴民主化運動の《決着》

この理事会の強硬姿勢により、大学協議会との対立は決定的な事態となった。

理事会の大学封鎖に抗議する教員のハンスト（1970年１月29日～２月６日）

しかし、その後、事態は急展開する。七人委員会（琉球政府副主席、沖縄教職員会会長、文教局長、琉球大学学長、前琉球大学学長、国際大学学長、私大委員長）が自主管理の排除、立入禁止の解除、理事の構成替えなどの斡旋案を提出したため、理事会は一転してこれを受け入れることを表明したのである。

それにより、二月六日に急転直下で、嘉数昇理事長と教授会代表の高宮広衛との間で、沖大紛争の解決に関する以下の内容の協定書にサインすることで、紛争はひとまず終息することになった。

——①教授会はこれまで全学協議会が行ってきた自主管理体制を解除する。②理事会は大学の封鎖と休校措置を解除し、八人の解雇解任を撤回する。③理事会は学内執行機関の教学運営についての権限及び意見を尊重する。④紛争が解決するまでは教授会はストライキまたはその他の実力行使を行わない。また理事会も法的対抗手段をとらない。⑤諸納入金は正規の手続きに従って納入する。⑥新理事会の構成については七人委員会の斡旋の下に、審議を継続し二月中に解決する。残余の争点については理事会・教授会・七人委員会の代表で構成する暫定運営協議会をおく。⑦本協約の実施に必要な学生の協力については教授会が責任を持ってこれを保障する。

この協定書にサインした翌日、理事会は八名の解雇を撤回し、高宮広衛が学長事務取扱兼図書館長、佐久川政一が教務部長、屋嘉宗克が学生部長に復職し、理事会と教授会・教職労・学生会との間で対立していた沖大紛争はようやく一応の解決をみることになった。

Ⅲ

大学存続への道のり

大学存続を訴えての文部省前の座り込み。

1　「復帰」に伴う私立大学統合問題と存続問題

✴「大学設置基準」のカベ

一九六九年一一月、佐藤栄作首相とリチャード・ニクソン米国大統領の会談で沖縄返還が合意され、七二年の沖縄返還が決定した。それ以降、沖縄社会は住民が求めた「平和憲法下への復帰」とはかけ離れた施政権返還の内容に反対の声が大きくなる一方、社会制度や組織機構を中心に日本国家の制度的一体化に組み込まれていくことになる。

こうした情勢の中、七〇年二月、文部省大学学術局庶務課長が琉球政府文教局を訪れ、「復帰」にともなう沖縄の大学の大学設置認可手続きについての説明と沖縄の私立大学の設置条件について話し合いをもった。

同じ二月、沖縄大学では教授会で学長選挙が行われて高宮広衛（考古学）が第五代学長に就任し、さらに学長推薦で副学長に佐久川政一が就任した。

五月中旬、沖縄の私大委員会と私大審議委員会が本土視察をした際、沖縄出身の元早稲田大学総長で当時南方同胞援護会会長を務めていた大浜信泉と、文部省沖縄協力係、大臣官房総務課長、振興課長らを訪問したが、そこでの話の中で、沖縄の私大の現状では文部省の大学設置基準にはるかに達しないので認可できないため県内私大の一本化が必要だと指摘された。

翌六月、琉球政府文教局は日本政府に対し、沖縄の私立大学の復帰後の経過措置として補助金交付を要請した。その一方で、文教局は、私大委員会と各大学・短大の代表者とが話し合いを持ち、大学設置基準対策に取り組むよう助言を行った。

このあと文部省大学学術局は、沖縄の大学の実情調査のため再度来沖し、八月の私大委員会では、沖縄の私立大学は、①大学設置基準の達成率が低い(五〇%に達しない)、②借地が多い、③専任教員が著しく不足、④私学側の自主的な充実計画がなく援助しにくい、などの調査結果の報告を行った。

この報告を受けて、八月末から九月上旬にかけ「復帰に伴う充実計画と大学の一本化」について、私大委員会正副委員長・調整官と四大学法人代表者が個別に話し合いを持った。その中で、私大委員会正副委員長・調整官と沖大、国際大の代表者会議で大学設置基準の達成と新設大学への一本化が話し合われ、次のような結論に至った。

①沖縄の私大の長期的展望に立って一本化には原則的に賛成。②ただし、新設大学に一本化するには具体的構想を検討する必要がある(国際学園は白紙委任の用意があるが、嘉数学園は構想を検討する必要があるので今ただちに賛成するわけにはいかない、とした)。

✴大浜私案の提案と当事者の反応

九月二三日、私学委員会委員長、沖縄大学学長、国際大学学長、文教局大学連絡調整官らが、復帰後の私立大学の問題について文部省や私立学校振興会との意見交換のため上京した。その翌二四日、大浜信泉南方同胞援護会会長より「大学設置基準の定める諸条件を充足し、祖国復帰後も学校教育法に基づく正規の大学としての地位を確保する」ため、「沖縄における私立大学の復帰対策構想」が提出された。いわゆる「大浜私案（第一次案）」の提示である。その内容は以下のようなものであった。

①新たに新設大学を設立し、沖縄大学及び国際大学の学部を継承させ、既存の学校法人は高等学校の経営を主体とする法人として存続させること、短期大学を新設の学校法人に移管するかどうかは、既存の法人の存立の基盤との関連において別途に考慮すること。

②新設の学校法人は、既存の両大学から在学学生のほか学部に属する教員及び図書、設備等を継承すること、なお事務職員についても新規採用の必要があると思われるが、可能なかぎり、既存法人の職員のうちから登用すること。

③新法人の理事長、理事、監事、評議員等の機関構成については両大学の関係者の協議によって定めること。

④この案を実施するには、新校地の確保、校舎そのほか施設の建設などに巨額の資金を必要とす

るが、この資金の一端は政府の援助を仰ぎ、他は政府の長期資金の融資による方針をもって進むこと。

⑤新校地は地価の関係上、市街の近隣地域にこれを求めることは困難であろう。そこで、定時制学部の事業は現行通り既存法人の校舎を引続き使用する方針をもって進むこと。

⑥以上の線に沿って、両大学から選出された委員をもって具体案を作成すること。

この「大浜私案」に対して、国際大学は一〇月二日、長浜真徳学長が会見して、「沖縄大学・国際大学を合併して新設大学を設立する大浜私案」に賛成協力する声明をいち早く発表した。そして一〇日後の同月一二日には、来沖した大浜信泉南方同胞援護会会長を囲んで、沖縄大学、国際大学、私大委員会委員長、文教局長らが集まり、「大浜私案」について話し合う中で、両大学から教員代表の準備委員を出して検討させ、計画案を作成させることが同意された。

✶沖大独自案の模索

「大浜私案」を受けて、沖大教授会は、政策委員会の中で「私大新設に関するいわゆる大浜構想を研究する小委員会」を立ち上げ、一〇月末から一一月上旬まで五回にわたって精力的に検討し、次のような答申を行った。

新設大学を設置するようになると――①沖縄大学独自でいく場合よりも授業料を大幅にアップしなければならず、学生の納入金の負担が大きくなり、②現状の沖大・国大の助教授、講師が定員オーバーになるため、一一名を首切りしなければならなくなる。したがって、本政策委員会では「大浜私案の新設大学による合併は考えられないという見解で一致した」。加えて、両大学合同の研究(準備)委員会への参加は、実質上、大浜私案推進委員会となるので、委員の選出も行わない、というものであった。

また、この答申が報告された一一月一二日の教授会では、大浜構想は政府からの一八億円の援助並びに融資を打ち出しているが、これでは国立の琉球大学と合わせて沖縄に国立大学を二つ置くようなもので、私学の自立性・独自性からして「大浜私案は本学としては進めていけない、その他の方法で進めていく」ことを決定した。

このように、大浜私案に反対する沖縄大学と、白紙委任した国際大学の見解を受けて、琉球政府私立大学委員会では大浜私案の支持表明を行い、両大学に対し「主体的に話し合い、一つの大学に出来るよう努力してもらいたい」旨の「勧告=助言」を行った。それを受けて国際大学は、教授会において大浜私案に賛成する決議に基づき『『大浜私案』に賛成する副申書」を作成した。

それに対して沖縄大学は、高宮広衛学長の名前でこの年(七一年)の受験生向けに「沖縄大学の現状について」を作成し、次のように主張した。

「……本学においては、『大浜構想』について実現可能性をあやぶみ、当面、沖縄における文科系総合大学をめざして独力で教育環境の整備に力を注ぐことになりました。……学内においては、復帰以後の沖縄大学の存続について、いささかも不安を抱いておりません。受験生諸君が安心して沖縄大学に受験されるよう、かさねておすすめします」。

さらに高宮学長は、学生に向け、「大浜私案」に対する沖大の考えを述べるとともに、新入生の授業料値上げと、①本土より専任教授招聘による教員組織の拡充、②本土大学との交流による教育課程の充実、③図書館・野外ゼミ教室・学生寮建設による施設拡充、④図書拡充・英語ラボ・視聴覚設備の拡充などの内容を持つ「沖縄大学の五ヵ年計画について」を作成し発表した。

ところがこれに対し、学生自治会（会長・知花昌二）は、大学側の授業料値上げに反対して入試阻止行動に出たため、新入生面接試験は中止となった。その後、大学側と自治会の間で団交が重ねられ、学費値上げは学生を交えた全学討議で決定することと、新入生も従来の入学金で入学を許可することの確認書が交わされ、事態はようやく鎮静化した。

こうした緊迫した状況の中で、三月六日には第一二回卒業式が行われ、短大を含めて卒業生五二一人が社会に巣立っていった。

ところが、それからまもない三月二三日、日本政府は復帰対策要綱第二次分を閣議決定したなかで、「教育・文化」における私立大学の扱いとして、次のように発表した。――「復帰までの間に、本土の大学の水準に達することができるよう統合その他の必要な整備をはかり、復帰の際、本土の学校教育法による大学となるよう措置するものとする。……復帰までに、所要の整備が行われていない大学については、復帰時の在学生が卒業するまでに限り、本土の法令による大学とみなす経過措置を講ずる……」。

✴大浜私案の承認

この閣議決定を受けて、三月三〇日、大浜信泉が来沖し、各大学を訪問して大浜第二次私案を発表した。続いて四月一日には沖縄私立大学復帰対策協議会（会長：比嘉信光私大委員長、構成員：各大学学長・副学長・理事長、各大学教授代表一名、それに大浜信泉らを加えて計一一名）を発足させ、そこで「所見」（大浜第三次私案）を発表した。

その後、翌五月六日にも大浜信泉が再来沖して、「沖縄私立大学復帰対策要綱」（大浜第四次私案）を発表し、私大復帰対策協議会はこの大浜私案を基本的に了承した。

これを受けて、沖大教授会は審議した結果、五月六日に提起された大浜私案の沖大・国際大統合による新設大学構想を受け入れることになった（賛成一六、反対二、白紙二、保留一、疑問票一）。次いで、五月一一日には私大復帰対策協議会が開催され、大浜私案による沖大・国大統合に関する「覚書」を承認し、両大学教授会から八名の代表統合委員が承認された。

その後、五月二六日に第一回の統合委員会が開催され、以後七月一一日まで一〇回以上の会議が重ねられる。それとは別に、統合作業経過報告を受けて、沖大教授会は学則、大学協議会運営規程、全学教授会運営規程について原案通り承認した。一方、寄附行為第十三条（理事長の選任）に関しては「理事長の代わりに学長を当てる」としたため、学長と理事長を別人とする案が多数を占めていた統合委員会で沖大教授会代表は孤立することになった。

それに対して大浜信泉や私大委員長は、九月一〇日までに新大学の新理事が決まらなければ、大浜や正副委員長は統合委員会から手を引いて引き揚げるという発言や態度を示したため、事態の緊迫度が一気に高まった。

✴統合反対の表面化

夏期休暇が終わった七一年九月八日、沖大では以前から健康上の問題で辞任の意向を表明していた高宮学長の退任が承認され、学長選挙が行われて新たな沖大学長に佐久川政一（憲法学）が就任した。また教授会は、新設される大学の学外理事として理事長兼学長＝安里源秀、理事会長＝大浜信泉をはじめとする八名の理事を承認した。

ところが今度は、学生自治会代表らが統合委員会へ押しかけ、統合反対の抗議を行った。こうして沖大では、新たに統合問題をめぐって、学内における教授会と事務職労、学生会との間の見解の違いが浮き彫りにされることになった。

七一年の沖縄社会は、全軍労の四八時間連続スト、県民不在の沖縄返還協定に対して抗議し反対する県民大会やゼネストが相次いで行われるなど、騒然とした状況の中にあった。一一月一〇日に決行された「日米共同声明路線の沖縄返還協定反対・交渉やり直し完全復帰要求ゼネスト」に対し、沖縄大学教授会はアピールを出し、事務職労や教職労はともに二四時間スト、また学生自治会は四八時間ストを打ち抜くなど積極的に参加している。その前日には、学内討論集会が開催され、教授会・学生自治会・事務職労・教職労代表が返還協定反対と合わせ、私大統合・大浜私案粉砕の決意表明を発表している。統合問題について沖縄大学の教授会では原案通り承認されていたが、事務職と学生たちの同意は得られておらず、それに一部の教授たちも含めて反対意見が根強く存在していたのである。

こうした状況の中で、佐久川学長は知花学生自治会長に対し、沖縄大学と国際大学を統合して新しい大学を設立することについて、沖縄大学関係四者（教授会、一部学生自治会、二部学生自治会、事務職労）の全学的同意が得られない限り、学内の同意として嘉数学園理事会へ報告しないことを約束した。それもあって、統合問題に対してその後もいろいろと議論が交わされたが、議論を重ねれば重ねるほど沖縄大学の中で統合問題についての合意形成が困難さを増すという状況を呈するようになっていった。

一方、統合に関する事業は、沖縄大学の意向に関係なく政府の後押しにより新設大学設立に向けて準備作業がすすみ、大学名も「沖縄国際大学」に決定し、七二年四月開校に向けて着々と推進されていった。沖縄国際大学は、二月一九日に申請してから五日後の二四日に、異例ともいえる速さで認可されている。

✴「沖縄大学存続声明」

こうしたなか、七二年一月二八日に開催された教授会において、佐久川学長は沖縄大学を存続さ

沖大を「みなし大学」とした政令192号（→90頁）の違法性を訴える学生と教員

せる案を初めて提示し、議論の結果、「新設大学設立案と沖大存続案の両案を認め、自由意志によってそのいずれかを選択し、それぞれの立場に干渉しないことを全会一致で確認」した。そして二月三日、神山副学長、大嶺学生部長、宇座教務部長らが記者会見を行い、次のような内容の「沖縄大学存続声明」を発表したのである。

——統合問題に関する学内状況は、統合の可能性を模索してきた教授会の独走に対して、前々から統合反対を表明している学生並びに事務職員から厳しい批判もあり、嘉数学園理事会も沖大の廃止に終始否定的な姿勢を示していて、学内のコンセンサスはまったく成立していない状況にある。そのような状況の中で他律的な統合に批判的な教授が結集し検討した結果、「何らかの整備をはかれば沖縄大学の存続は可能であり、沖縄でも二つの私大が併続し得る社会的基盤がある」との結論を得た。それを受けて、この危急存亡に際し大学の理念を問いなおし、沖大の自治の伝統を守り抜き、県民のための大学として、その責務を果たす決意である……。

そして具体的には、沖縄大学は、①現在の校地、校舎を使用して学部学科を縮小（法学科経済学科の法経学部を一、二部に置き、短期大学部の英文科を設置）して存続していく。②この存続は教授会、事務職員、学生の大半の支持で決定した。③一月二八日の教授会では「沖縄国際大学」への移籍組、沖大残留組のそれぞれの立場を尊重することを確認し、新設予定の沖縄国際大学には干渉しない――ことを表明した。

以上にいたる経緯を含めて、沖縄大学の存続を主張する佐久川学長をはじめ一八名の教員は、二月二三日の地元紙に意見広告を出して、「他律的な統合に反対し、『沖縄大学』を守る決意を固め……、これを契機として、諸条件を整備強化し、実のある大学にする決意である」として「沖縄大学存続の趣旨」を発表した。

このように統合問題から沖大存続へと至った背景には、土台として「自主独立の自由で民主的な学風を追求」した数年間にわたる民主化闘争の経験があったといえるが、直接的な要因としては、沖大学内における教授会、学生会、事務職員の間の合意形成ができなかったこと、とりわけ教授会の合意形成における意思決定の曖昧さや不十分さが指摘されよう。

しかし同時に、「沖縄大学存続の趣旨」の中で、「沖縄県民の『返還協定やり直し』の世論をよそに、国策は着々と進み、種々の形で本土への系列化並びに再編成が強引に行われている。一切が強大な力に組み込まれていく中で、せめて私立大学だけでも踏みとどまるところがなくてはならない」と述べられているように、この問題は一私立大学の統合存続問題だけにとどまらず、沖縄の「復帰」問題の根底にかかわる問題としてとらえられたという側面があったことも見逃せない。

すなわち、沖縄大学の歴史は戦後沖縄の歴史と深く関係しており、沖縄の私立大学が、日本政府の決めた基準と方針によって「統合」されていく経緯は、沖縄住民が求めた「復帰」の意思が日米両政府の推進する施政権返還政策に押しつぶされていく事象の一つとして県民の多くに受けとめられたのである。その背景には、返還協定に基づいて日米両政府が推進する政策執行と沖縄住民が希求する「復帰」の内実との相異に対する多くの県民の不満や批判があった。

事実、基地の全面撤去を訴えて沖縄住民が求める「復帰」を推進した祖国復帰協議会に集まった組織や諸団体の多くが、沖縄大学を支援したのである。それは本土にも及び、政府による沖縄大学の廃校処分に反対して、七二年二月には、井上清京都大学教授（歴史学）、星野安三郎東京学芸大学教授（憲法学）、永井憲一立正大学教授（憲法・教育法）、宮崎繁樹明治大学教授（国際法）、比嘉春潮（沖縄史研究者）、新崎盛暉（沖縄現代史研究者、後の沖大学長）らを世話人として「沖縄大学廃校処分撤回闘争を支援する会」が結成され、広く沖大存続支援が呼びかけられたのだった。

2　廃校は認めない

✴存続闘争の始まり

先の存続表明により、沖縄大学は私立大学統合を拒否し、内外に存続の意思を明確にした。七二年三月二三日、佐久川政一学長は、「沖縄大学整備計画趣意書」を作成し、「沖縄大学の存続に関する上申書」を各方面へ提出、存続のための援助を要請した。上申書には、沖縄の「施政権返還を契機に、既存の学部学科を縮小して、法経学部を軸に単科大学として組織を再編し、存立基盤を固め」ることがうたわれ、趣意書にはその単科大学構想の具体的計画が提示されている。

しかし、沖縄大学の存続の表明に対して、琉球政府私立大学委員会は学校法人嘉数学園に対し、「……復帰時の在学生についてのみ救済措置がとられるものと思われますので、理事会の慎重な対策を要望」するとの勧告「沖縄大学を復帰後存続させることについて」を送付している。

また、新設開校を進める沖縄国際大学は、「沖大在学生の移籍について」という新聞意見広告を出して、学生証と印鑑持参による手続きを急ぐようにとの一方的な呼びかけを公けに行った。それに対して、沖大教職労（大城貞昭委員長）と事務職労（志田安則委員長）は「……移籍は沖大と国際大の統合が成立したときなされるもので……沖縄大学が自主路線を堅持し統合に反対している以上、沖縄国際大学は新設大学となるわけで……いわゆる『部分統合』でもありえない。したがって、学生の移籍などという問題は有り得ないし、不可能である」との「抗議声明」を発表した。この問題について、両大学の間で文書のやり取りが交わされたが、結果的に物別れとなった。

四月二三日、沖縄国際大学は開学を迎えたが、沖縄大学から移籍した学生は四九三人、教職員は四一人、国際大学からの学生は一三一五人、教職員六〇人で、新入生の一一九六人と新職員の三六人を加えて、学生総数三〇〇四人、教職員総数一三七人で開校した（『沖縄の戦後教育史』）。原則として教職員、学生たちの沖縄国際大学への移籍は個々人の自由意志にまかされたが、指導教員の移籍に伴い移動せざるを得なかった学生たちも少なくなかった。

四月二八日、日本政府は政令第一〇六号「沖縄復帰に伴う文部省関係法令の適用の特別措置等に関する政令」を公布した（施行は五月一五日）。その政令の「（沖縄の学校に関する経過措置）第一条第二項」には「沖縄の学校教育法の規定により設置されている沖縄国際大学並びに沖縄国際大学短期大学部、沖縄キリスト教短期大学及び沖縄女子短期大学は、それぞれ学校教育法の規定による大学又は短期大学となるものとする」と明記されていた。これにより、沖縄大学は「沖縄の学校教育法の規定による大学」から排除されたことが明らかとなった。それに対して、学校法人嘉数学園理事会は、政令一〇六号の違法性を指摘して、文部省に対し再調査と再考を陳情し、政令の改正を求めた。また、教授会は法律問題研究委員会を組織して検討に入った。一方、沖縄大学同窓会は臨時総会で、「沖大存続支持」と統合に賛成した「(現)執行部不信任」を決議し、新役員を選出した。

こうした動きに対して日本政府は、五月一二日に閣議で政令を改正し、向こう四年間は沖縄大学を「本土法による大学とみなす」という暫定措置を講じ、昭和四八（一九七三）年度から新入生募集の停止を決定した。そして五月一五日には、政令第一九二号「沖縄の復帰に伴う文部省関係法令の適用の特別措置に関する政令の一部を改正する政令」、いわゆる沖縄大学を「みなし大学」とする政令を公布施行した。

それに対し佐久川学長は、「沖縄大学の存続に関する決議表明」を発表、議会への協力要請をはじめ、さまざまな運動を展開することを表明した。つづけて、沖縄大学理事会、教授会、学生会、事務職員、同窓会、後援会の連名で「沖縄大学の存続支援署名要請」を作成し、署名運動の取り組みに入った。また、理事長・学長の名前で屋良朝苗沖縄県知事に対して「沖縄大学存続に関する要請」を送付した。

こうした存続闘争が展開する中で、七月二三日、以前から体調を崩し健康上の理由から理事長職を後任に譲りたいと意向表明していた嘉数昇理事長が死去した。嘉数理事長の死去に伴い、七月二九日、理事会が開催されて七人の理事が新たに選任され、新理事長に真栄田義見が就任、今後も沖大存続運動を展開して目的を達成することを決議した。

✴政令改正裁判闘争

七二年八月一四日、沖縄大学（佐久川政一学長）は、沖大だけを差別する政令一九二号は、憲法一四条（法の下の平等）、二三条（学問の自由）に違反し、学校教育法、私立学校法にも反するとして、東京地裁に政令の一部取消並びに一部無効確認請求の行政訴訟を起こした。さらに八月一七日には、行政訴訟の判決が確定するまで、仮処分のため「政令の一部執行停止申請」を同じく東京地裁に提出した。

こうして文部省を相手取った裁判闘争に突入したため、沖縄大学は、文部省が定めた九月三〇日の大学新設申請締め切りまでにその申請を行わず、存続のための政令改正に向けて全力を投入することになった。

一〇月一三日から一週間、沖大存続二〇万人街頭署名が開始された。人通りの多い那覇市内の主要な場所で、教職員、学生が手分けをして街頭署名運動に立ち、沖大存続を県民に訴えた。続いて、二三日から三〇日まで、第二次街頭署名運動を展開して、沖大存続に向け県民に訴えることになった。署名運動の開始からわずか一ヶ月後には、多くの県民・国民の協力により七万五千人余の署名が集まっている。

一方、学長と理事長は、屋良沖縄県知事（七二年五月一五日の施政権返還によって、琉球政府は沖縄県となり、屋良主席が県知事となった）に沖大存続についての要請を行った。知事は文部省に対し

「沖縄大学は……単科大学を指向し、学部、学科を整理縮小して大学設置基準に沿うべく大学当局において目下着々とその準備を進めています。……沖縄大学の伝統と実績を尊重し、同大学法経学部および短期大学部の昭和四八年度の学生募集については特段のご配慮をもって認めていただきたい」との趣旨の「要請文」を送った。

沖大ではさらに、沖縄県、文部省、大蔵省、自治省へ、沖大存続について昭和四八（一九七三）年度学生募集を特別に認可するよう陳情書を提出した。加えて、東京地裁に対する原告沖大側の勝訴要求ハガキの投函運動を学内で開始した。また学生たちは、沖縄大学全学総決起大会の大会スローガンを記した「沖大存続をかちとるため県民の皆様に訴える」文書を作成して配布した。

一一月二九日、沖大存続のため学内組織の意思を調整して連絡をはかり、運動を効果的に推進することを目的として、学長、副学長、学生部長、企画課長をはじめ教授会四名、教職労二名、事務職労三名、学生会一・二部各三名という計一九名による沖縄大学存続闘争連絡協議会を全学的に組織した。翌三〇日には第一回協議会が開かれ、一二月の闘争方針、行動日程を決議し、資金カンパなどについて協議した。また、教授会では、一二月七日の屋良沖縄県知事による文部省への沖大存続要請に合わせて、共同して存続闘争行動を行うための日程が了承された。そして夕方からは、大学運動場スタンドで教職員、事務職員、学生、支援団体など約四百人が参加して「沖大存続を勝ち取る決起集会」が開催されたのだった。

一二月二日、学長・副学長以下管理職が、県知事に面会し、政令改正と新入生募集が認められるよう対文部省要請の推進を重ねて要請した。一方、東京派遣団第一次先発隊として理事長以下一五名（教授会一一名、事務職労一名、学生二名、同窓会一名）を承認し、翌日には団結式を行った。

✴文部省前の座り込み

続いて五日、全教授が学内集会を開催、そのあと県庁に出向いて知事と会見し、第一波の座り込みを行った。六日には東京派遣団が上京、翌七日には県知事も上京した。上京した知事とともに東京派遣団は文部省に対して抗議行動を行い、文部省玄関前でビラ配りや座り込みに入った。県知事は九日に帰沖したが、東京派遣団の座り込みやビラ配りによる抗議行動はその後二週間続いた。東京での抗議行動にあわせて、沖縄でも街頭署名運動を再開、さらに大学正門前で座り込みを行った。続けて一〇日には、第二波行動として新たに東京派遣団を編成、抗議行動を継続した。また、これら派遣団とは別に、学生自治会も独自に三二名を東京へ派遣、文部省への波状的な抗議を行った。

このときの文部省への主要な抗議行動は、文部省玄関前の二日間の座り込み（警察の退去命令により二日間で中止）と一週間のプラカードを持ったビラ配りだった。この抗議行動は、全国紙ではおとなしく礼儀正しい「守礼の民の座り込み」と称されたが、それでも関係者にさまざまな反響をもたらした。沖縄大学を卒業して当時沖縄県に勤務していたある卒業生は、復帰業務に伴う文部省での研修の際に玄関前で座り込みとビラ配りをしている恩師たちの姿を見ているうちに涙がほおを伝っていたという。彼は自分も座り込みに加わりたかったが、文部省での研修の身でそれもかなわず、遠くから先生たちの座り込みの姿を見ながらしばらく涙が止まらなかったと、のちに述懐している。

こうした抗議行動により、沖大存続の支援の輪は本土でも次第に広がり、総評の拡大評議会で「沖大存続支援決議」が満場一致で採択された。東京での存続要請では、カンパや差し入れ、ビラ配りに協力を申し出る人たちも少しずつながら増えていった。

✴沖大存続闘争の本質

文部省での座り込みによる抗議行動に続いて、一二月二一日には那覇市与儀公園において沖縄大学・沖教組・県労協共催による「沖縄大学の存続をかち取る県民総決起大会」が開催され、約四千人が参加して、次のような大会宣言決議文を採択した。長くなるが、沖大存続問題の本質とその経緯、沖大が戦後沖縄社会の教育に果たした役割などがよくわかる文章なので以下に引用する。

「沖縄県民は四半世紀の異民族支配の軍事支配下にありながら……県民の団結によって幾多の弾圧を排除しつつ待望の施政権返還を実現させた。しかし軍事基地の再編強化、中央政府による地方自治の締めつけ……施政権返還の実態は沖縄県民の要求と相容れるものではない。特に教育の分野において、……私立大学の統廃合が示すごとく、国家権力の画一的な統制がもっとも著しい。なかんずく政府文部省による沖縄大学の廃校処分は沖縄大学当事者の強い存続の意思と県民世論を無視し、中教審路線に基づく大学の統廃合政策を強行実施せんとするものである。（中略）
沖縄大学は、戦後の物心ともに荒廃した社会情勢の中で指導者養成の急務を担い、沖縄初の私立大学として設立された。その間、沖縄大学は弾圧厳しい米軍支配下にあって、国庫補助も皆無のまま自主独立の私学精神を堅持する中で、五千四百人の有能な人材を輩出させてきた。特に沖縄大学が那覇市に所在し、公務員をはじめとする多数の向学の勤労者に対し高等教育の機会を与えてきた意義は県民の間で高く評価されている。そのうえ沖縄大学には現在二千人余の学生が在学し、八十人の教授・事務職員とともに、同大学の永続を確信しつつ、理想的な大

1972年12月21日、与儀公園で開かれた「沖縄大学の存続をかちとる県民総決起大会」には約4000人が参加した。写真は集会後のデモ（琉球新報提供）。

学像を求めて日夜奮闘中である。

しかるに政府文部省は沖縄大学が、復帰に際し五ヵ年の整備期間をおくよう要請したにもかかわらず、大学設置基準をタテに、復帰までのわずか一年の短期間に統合その他の整備をせよと厳命し、統合か廃校かの二者択一を迫ったのである。沖縄大学関係者は財政状況は言うに及ばず、伝統と学風が異なる他大学との機械的な統合を強制されて、苦悩し、抵抗し、遂に独自存続の強い意志を打ち出したのである。……ここに沖縄大学の昭和四十八年度以降の新入生募集を禁止した政令の撤廃を要求し、沖縄大学の存続を貫徹するまで団結して闘い抜く決意を、沖縄大学の存続をかち取る県民総決起大会の名において表明する。」

一二月二五日、佐久川学長と神山副学長は、この県民大会決議文をもって上京し、亀甲幸吉県労協議長、金城信光沖縄教組情宣部長、喜屋武真栄参議院議員らとともに、新任の奥野誠亮文部大臣に沖大存続と来春学生の新規募集を認めるよう陳情した。しかし、沖大側の要請に対して、同席していた文部省大学事務局長は、沖大は復帰後、もはや私立大学ではない、「みなし大学」に過ぎず、問題はもう決着がついてしまったことで、政令を過去にさかのぼることは実質的に不可能であり、一年待って新設の申請をしてもらうほかない、と従来の事務局見解を繰り返すだけだった。

年が明け一九七三年一月一六日に開催された理事会で、新年度の学生募集が決議された。続いて二二日の教授会では入試について審議され、入試要項を発表するか否かの投票が行われた結果、賛成が一八票、反対が一票で入試要綱を発表することが決定された。これにより、昭和四八（一九七三）年度入試実施に向けての沖縄大学の具体的な行動が始まった。そして二月一一日、沖縄大学は昭和四八年度の入学試験を決行した。その後も続けて、第二次募集と第三次募集を実施した。

ところで、大学の存続闘争が長引いて厳しい中ではあったが、学生たちはクラブや部活動、大会などで日頃の練習成果を発揮して大活躍した。野球部は、一九七二年と七三年に全日本大学準硬式野球大会で連続優勝した（さらに、七四年にも延長一七回で日大に惜敗したが準優勝、県内では五シーズンの連続優勝の偉業を成し遂げた）。そのときに活躍した選手の一人が、二〇〇六年に八重山商工を甲子園に導いた監督の伊志嶺吉盛である。また、六〇年代後半から七〇年代には、宮古、八重山の出身学生たちの所属する学生クラブが休暇帰省に合わせて、沖縄大学の部活動と文化祭を兼ねた催しを自主的に行い、学生募集にも積極的に貢献した。学生たちは、大学の存続闘争の時期でも、クラブや部活動を中心に学生生活を謳歌し、青春期をたくましく生きた。

✴急転、大学設置認可申請へ

座り込みの後も文部省への抗議要請が繰り返されたが、文部省の壁は厚く、政令改正は困難な状況にあるとの認識が大学の中でもしだいに広がっていった。そうした状況認識の下、二月二一日に開かれた理事会において、大学存続問題については政令改正の要請だけでなく、大学設置認可申請書を作成して文部省に提出することが初めて決議された。さらに、三月一九日の理事会では、①

現在係争中である政令一九二号に関する行政訴訟を取り下げること、②早急に大学設置認可申請書類を提出すること、③募集した学生は政令に沿うよう聴講生として措置する、との事項を決議した。この決議は、三日後に開かれた評議員会でも承認された。

これを受けて行われた教授会での議論では、認可申請は敗北であり統合を認めたことになるとの意見もあったが、実質的に存続すればよいとの意見が支配的であったため、佐久川学長は大学の方針として訴訟を取り下げ、認可申請を提出する決定を行った。三月三一日、佐久川学長は学長任期が切れたため辞任の意思を表明したが、大学存続の重要な時期であり、執行体制の継続を訴える教授会の多数の支持を集めて引き続き就任し、先に決議された方針を推進することになった。

こうした沖大の大学設置認可申請の動きについて、文部省からは沖縄大学に対し、四月末までに認可申請のための概略的な申請を提出するようにとの要請が寄せられた。そこで執行部は、四月から六月にかけて認可申請の作業に集中的に取り組むことになった。

一方、六月に入って、この年に入学した一年次有志から佐久川学長へ、①説明会について、②新入生の位置づけについて、③単位について、④認可後の身分について、などを問う「新入生の身分問題に関する公開質問状」が提出された。

この質問状に対し、佐久川学長は、①説明会は、全学生対象として要求された二回の大衆団交に含まれる、②新入生の位置づけは、もちろん正規の学生として位置づけている、③単位については、その通り認定される、④認可後の身分は、沖縄大学学生として扱われる、との回答を伝えた。

しかし一年次有志は、その回答に対して、「……我々の身分保障はあくまで五・一二政令（七三年度の新入生募集停止を決めた政府の政令）を粉砕し、再認可路線を粉砕することを通してかちとれるのであり……我々はこの意志を貫く」という「抗議文及び回答撤回要求文」を学長に送付している。

六月二七日、沖縄大学は文部省に対し沖縄大学設置と沖縄短期大学設置の認可申請書を提出した。それから約七ヶ月がたった翌七四年二月一日、文部省はついに学校法人嘉数学園に対し、沖縄大学と沖縄短期大学の設置を正式に認可することを通知してきたのである。

認可された沖縄大学の学部学科は、法経学部第一部法学科入学定員五〇人、収容定員*二〇〇人、第一部経済学科入学定員五〇人、収容定員二〇〇人、第二部法学科入学定員五〇人、収容定員二〇〇人、第二部経済学科入学定員五〇人、収容定員二〇〇人で、開設時期は七四年四月一日。沖縄短期大学は、第一部英語科入学定員一〇〇人、収容定員二〇〇人、第二部英語科入学定員一〇〇人、収容定員二〇〇人である。

＊「収容定員」という言葉は、一般にはややなじみにくい言葉かもしれないが、学生の総定員数を指す大学設置基準上の用語である。

こうして沖縄大学は、設置認可は得たものの、文部省は一方で、「前年の学生募集は認めない」ことを指摘してきた。そのため沖縄大学は、大学運営の失政がもたらした重い課題として、この七三年入学生の身分問題をその後も引きずっていくことになる。

一九七〇年前後のこの時期には、本土の多くの大学でも、大学闘争の嵐が吹き荒れていた。沖大存続闘争も、大学当局と学生の大衆団交・バリスト（バリケード封鎖を伴うストライキ）といった現象面では共通するものがあったが、その内実は異なっていた。本土の大学闘争では、「大学解体」が叫ばれていたが、沖大では、「大学の自主存続」が叫ばれ、学生たちが、学生募集の先頭に立ったのである。そしてそれは、先に引用した県民総決起大会の決議にも示されているように、政府による強引な七二年返還政策に対する抵抗運動でもあった。

Ⅳ

地域に根ざす大学をめざして

1981年から行った基地と戦跡のフィールドワーク「沖縄セミナー」（1990年）

1　「大学存続」は果たしたものの

再認可によって沖縄大学は、新しい歩みを始めることになったが、その前途には、さまざまな課題が山積していた。建学の精神を異にする二つの私大を、もっぱら財政的観点から、国の補助金をちらつかせて統合しようとすることに対する反発と抵抗は、沖縄社会から、それなりの幅広い支持を得ることができたが、大学存続が認められたからには、沖縄社会に対して、大学存立の理念と、それに基づく具体的教育実践が示されなければならなかった。だが、沖縄大学は、再出発と同時に、そうした理念や教育実践の構想を提示できたわけではない。というよりも、存続闘争の後遺症への対処に右往左往していた。

✴七三年入学生の「身分保障」問題

存続闘争が遺したもっとも大きな課題は、一九七三年度入学生の身分保障の問題であった。沖縄返還後の二つの私大の統合を前提とし、旧私大の期限付き存続――↓廃校を指示する政令の不当性を訴えた存続闘争にとって、一九七三年度の学生募集は、論理的には必要不可欠なものであった。しかし、政令の一部執行停止を求める大学側の仮処分申請に対する意見書（七二年一二月五日）において文部省は、沖縄返還後、いずれの大学を学校教育法に定める大学として認めるかは内閣の高度の文教政策判断にもとづく完全な自由裁量にゆだねられていると宣言し（沖縄タイムス、七二年一二月一六日）、沖縄大学の廃校処分を再確認した。文部省は、あくまで再認可による問題解決へ誘導しようとしていた。政令無効の訴訟も、短期的な決着の見通しは乏しく、裁判所からも、訴訟の取り下げと認可申請による実質的存続という選択肢を示唆されていた。

こうした状況の中で、教授会内部には、学生募集・入試決行に関して動揺も見られたが、存続闘争の貫徹を主張する学生自治会、事務職労、教職労等の突き上げもあって、一九七三年二月一一日の入試は決行された。入学者は、一〇四名だった。日本という国家によって存続を否定された大学を百名を越える若者が選択した（その中には、大学を選択したというよりも、大学に応募するというかたちでこうした政策に対する自らの政治的意思を示した者もいたであろう）ということは、日本によって切り離されたり統合されたりという現代史の荒波に翻弄された沖縄社会の民衆意識の反映でもあった。そのうち五九名が、科目履修登録の段階へと進んだ。

だが、この時期すでに大学当局は、認可申請による実質的存続の方向に舵を切り始めていた。前章で述べたように一年次（七三入学生）有志九名は、大学当局の方向転換を質す公開質問状を発し、その回答が不十分であるとして「我々の身分保障は、あくまで五・一二政令を粉砕し、再認可路線を粉砕することを通して勝ち取られる」との立場を明らかにしていた。

しかし、大学当局は、同年六月三〇日、文部省に認可申請書を提出し、翌七四年二月一日、沖縄大学は、学校教育法に定める大学として認可された。すなわち、七二年入学生が卒業するまで存在する旧沖縄大学と、七四年四月に新入生を迎える新沖縄大学を重ね合わせるかたちで、沖縄大学は、実質的存続を確保することになった。その結果、その狭間に置かれた七三入学生の身分は、宙に浮いた状態になったのである。一年次有志は、二月四日、全学バリストを打ってそのことをアピールした。翌五日の沖縄タイムス社説は、大学の学生に対する教育的責任と、文部省の官僚的態度を指摘・批判していたが、これは、存続闘争を支持してきた沖縄世論のこの段階における平均的受け止め方を示しているといえるかもしれない。

大学側は、その後も七三入学生の身分保障問題の解決に努力することを約束し、確かにその後も、文部省への陳情・折衝や、沖縄選出の国会議員を通した働きかけなどをしてはいるのだが、さしたる成果を上げることはできなかった。このため、七五年一月三一日、授業料値上げ撤回と身分保障問題をセットに、再びバリストが打たれることになる。これに対し大学側は、①議員立法等により政令の改正を図っていく、②学生、事務職、教授会が統一組織を作って文部省に当たる、③三者からなる東京行動団を組織し、文部省へ抗議する、④七三入学生に対し説明会を持ち、この間の経過報告をする、の四項目を確約した。

だが、この確約は実行されなかった。その直後に上京した真栄田理事長の文部省折衝によって、身分保障問題は実質的に解決したという説明がなされたからである。すなわち、「卒業認定は大学独自の権限であり、卒業式当日の日付で行ってもあえて違法とはいわないが、政令は生きており、そのことから生ずる卒業生の不利益は、大学の責任においてケース・バイ・ケースで解決していけばよい」というのである。教授会内に設置された身分保障問題委員会も、この理事長報告によって「身分保障は実質的になされた」という報告書（七五年三月二〇日付）をまとめ、教授会に報告した段階で機能停止（解散は認められなかったが事実上解散）した。身分保障問題委員会が、理事長報告を裏付けるものとしてあげているのは、「①ＮＨＫ記者が直接文部省に当たり確認した、②上原康助衆議院議員（沖縄選出）が文部省の佐野高等教育課長に電話を入れ、『今後、73入学生に関しては、文部省の方から違法とはいわない』旨確認した、③理事長報告に関し、『身分保障はされた』旨のＮＨＫ、沖縄タイムス、琉球新報の報道に対し、文部省は一切のコメントをなさず、黙認している」の三点を挙げている。だがそれは、文部省の黙認のもとに行われた大学側の一方的解釈であり、卒業後生じるかもしれない不利益の具体的救済措置も明らかではなかった。そのような中で、一年前から辞意を表明していた佐久川学長は、七五年三月三一日付で退任し、五月一日付で新屋敷幸繁学長（沖縄史）が就任した。

このような中途半端な状態での執行部交代があったため、七三入学生からの申し入れで、七五年一〇月九日、身分保障について旧執行部を交えた話し合いの場を持つことが約束されたが、連絡不徹底等の理由で成立せず、欠席した新屋敷学長を除く新執行部と当事者の長時間に及ぶ団交の結果、

「身分保障問題につき大学が全面的にその非を認めること、従来の確認事項を総点検し責任の所在を明らかにすること、同時に不利益の救済について講ずべき措置を具体的に明らかにすること、これを両者で検討し合意・調印を行うこと」等が確認された。この確認に基づき『〈合意書〉昭和四十八年度入学生の身分保障問題と今後の措置について』が成立した。不利益救済の措置としては「合意に基づき昭和四十九年度に再入学手続きをとったことを学籍簿上明記し、昭和五二年度において就学の意思あるものについては、研究助手として処遇し、月額五万三千円～六万円の特別奨学金を給付する」等となっていた。こうして七三入学生問題は、形式的には当事者合意の上で解決した。だがそれは、制度的制約、学内外の状況の変化、それぞれの力量の限界の中で行われた両者にとって苦痛に満ちたやむを得ざる選択であった。

✴大学移転問題

再認可以降、沖大では、ほぼ毎年学長が交代していた。それは、大学運営の不安定さを示していたが、その背景には、七三入学生問題のような現実対応を伴う存続闘争の総括と、将来展望をめぐる教授会内の意見対立があり、また、大学財政の窮迫化があった。ただ、通常は完成年度一年後からしか交付されない私学経常費補助が、沖縄大学には認可の翌年から支給されており、その意味では、通常の新設大学とは扱いが違っていた。

再認可後の課題の一つは、図書館棟の建設による施設・設備の充実であった。それは、いわば再認可の条件でもあった。七四年一二月には設計図も完成し、翌七五年一月着工予定とされていたが、建設資金四億円（二億六千万借入、一億四千万寄付）の調達が難航し、七六年末には、建設計画それ自体が頓挫していた。代わって浮上してきたのが、高校の体育館建設問題であった。

五六年に設立された沖縄高校は、米軍政下の沖縄における後期中等教育機関として、高まる高校進学率に対応しきれない公立高校を補完する役割を担ってきていた。だが、公立高校の拡充、とりわけ沖縄返還後の〝本土並み〟政策による公立高校の新設・拡充によって、沖縄高校は急速な入学者減に直面していた。財政的にみれば、大学の窮状をもはるかにこえる構造的窮迫状態にあった。こうした状態から脱却する道を、嘉数学園理事会は、私立高校として独自の校風を確立して生徒を確保することよりも、県立移管に求めていた。沖縄高校創立二〇周年記念事業として、体育館の建設を決議（七五年四月）する一方、「高校存続の途は県立移管以外にはない」と決議（七六年一〇月）して、県立移管促進期成会を立ち上げていた。これに対して行政側は、国際大学と併設されていた中央高校が同じような事態に陥っていることもあって、県立移管に対しては難色を示したが、施設拡充（体育館建設）への助成（建設費一億六千五百万円）に対しては好意的であった。体育館建設は、国・県の補助や沖縄県私学教育振興会からの融資によって、ほとんど自己資金を必要としないで建設が可能だった。

体育館は当初運動場の南側に建設が予定されていたが、ただでさえ運動場が狭い上、一部借地を含むことから、大学側図書館建設計画の頓挫とともに、理事会は、大学図書館建設を予定していた土地に高校体育館を建てようと考えはじめた。学長や副学長など、大学側理事がこの計画に異を唱えなかったのは、すでに大学キャンパスの移転こそが大学が生き延びる道であるという考えがあったからである。七六年四月一日付で、学長は、新屋敷幸繁から、東風平玄純《こちんだ》(国際法)に交代していた。

再認可という形式で実質的存続は確保したものの、七三入学生問題をはじめとする課題の解決に沖縄大学が追われている間に、沖縄国際大学は、政府の一〇億円の特別補助金や特別融資、さらには基地周辺整備資金等も活用しながら、沖縄で初めての〔本土並みの大学キャンパス〕整備を進めていた。かつての沖縄大学と国際大学の立場は、完全に逆転していた。沖縄大学の入学生は、漸減傾向にあり、退学者も増えていた。そして、こうした状況のすべての原因を、狭隘な敷地、貧弱な施設設備に求める教職員も少なくなかった。これらの人びとにとって、広い校地、充実した施設設備(当時の沖大には、研究室もなかった)が夢であり、その夢を実現するためには、手狭な現キャンパスからの移転しか道は残されていないように思われていたのかもしれない。

しかし、そのようなキャンパス移転は、図書館建設費すら捻出できず、教職員の給与の遅配さえ始まっていた大学にとっては、実現不可能であり、「県都にある唯一の私大」という存続闘争の基本的主張とも矛盾した。もしそれが仮に可能だったとしても、そのためには、慎重な学内のコンセンサスづくりが必要であった。だが大学執行部は、それらを一切無視して、図書館建設予定地への高校体育館建設計画をも利用しながら、大学キャンパスの移転に突っ走った。

七七年八月一〇日、理事会は、大学図書館建設予定地に（入学式や卒業式等には大学側も使用できるという条件で）高校体育館を建設することと、大学キャンパスの早急な移転を決定した。八月二四日、理事長と学長は、教授会でその結果について報告と説明を行った。教授会に対するこの問題に関しての初めての正式な説明であった。だが当然、多くの疑義が提起され会議は紛糾した。

当初、理事長や学長は、この問題は理事会（あるいは評議員会）の専権事項であり、教授会の了承は必要としない、という態度だったが、論議を繰り返すうちに、事後承認を求めるという態度に変化してきた。事務職員への説明もなかった。事務職労組は、給与問題等を主要なテーマとする団交の中でもこの問題を追及し、七七年一一月には、移転計画を全学的に公開することを求めてストライキも打った。最終段階では、事務職員や学生の傍聴を認める変則的運営の教授会がもたれたりしたが、事務職員を交えた全学的協議の場を持つべし、という教授会決定は無視された。

移転計画それ自体も、大学の現キャンパスを売却した資金で、那覇近郊に土地を購入し、借入金や建設会社への延べ払いで施設設備を整備するという漠然とした内容で具体性を欠いていた（この計画が破綻した後、教授会に設置された移転問題調査検討委員会は、当初のマスタープランでは自衛隊の基地周辺整備資金を当てにしていたと指摘している。基地にまつわる金は、復帰当初から、個人、大学、自治体など、沖縄社会のあらゆる構成要素を蝕む毒素として存在した）。その後明らかになったことであるが、すでにこの段階で、豊見城村（現豊見城市）に本土の商社、日綿実業が所有する約三万坪の土地を晃都開発の仲介によって購入する交渉が進行しつつあった。

一方この時期、国・県並みに支給されるはずのボーナスの五割減額を教授会も事務職労組も容認せざるを得ないほど、学校法人の財政状況は悪化していた。後に明らかになるが、学校法人が特別徴収義務者になっている国税（所得税）や住民税、私学共済組合の保険料掛け金の滞納も始まっていた。経常的運営費の資金繰りも行き詰まる中で、経営責任を負うべき理事長や理事のめまぐるしい辞任・交代が相次いだ。こうした状況の中で、学長を理事長代行とし、副学長を常任理事代行として、大学移転は強引に進められていった。

✴土壇場での〝身売り〟回避

教授会の同意も得られず、事務職労組からも批判的見解が明らかにされる中で、七八年四月、日綿実業と正式な土地売買契約が行われ、総額四億七千五百万円のうち頭金九千五百万円（仮契約時の手付金二千万円を含む）を支払い、七八年七月末日までに残金三億八千万円を支払う契約が成立した。晃都開発に対しても、「移転用地取得にかかる手数料及び諸経費の一部」等として数千万円が支払われた。これらは、銀行からの短期融資によってまかなわれた。このような綱渡り的資金繰りの中でなされた契約であってみれば、土地購入代金の残金三億八千万円の七月末日支払いが不可能になったのは当然であった。そこで日綿側と交渉し、支払い期限を一〇月三一日に延期してもらったものの、その支払い見通しは、まったく立っていなかった。おまけに給与の未払いは、三ヶ月に及んでいた。

七八年八月二四日の教授会で、東風平学長は、辞任を表明、解体状態の理事会は、八月二八日には新発足すると述べた。八月二八日の教授会で、新学長に安良城《あらき》盛昭（日本経済史、沖縄史）が選出された。これより先、東風平学長は、参議院議員稲嶺一郎事務所の顧問渡口政郎に理事候補の推薦を一任した。八月二三日、渡口が推薦する理事候補、菊地藤吉（世界平和教授アカデミー、後の日本会議沖縄県本部長）ほか三名と学長、副学長、短大学長の三学内理事の顔合わせが行われたが、これを理事会が開かれたかのように装い、菊地藤吉を理事長に選任した。いわば破綻に瀕した学校法人の身売りであった。逆の立場からすれば、特定の政治集団あるいはイデオロギー集団にとって、破綻に瀕した大学を、一〇億円前後で買い取ることができたということであった。

八月三一日、新理事長名で評議員会が招集されたが、その経過や理由の説明が要求され、評議員会は審議を開始できないまま閉会となった。翌九月一日、事務職労や高校教職員労組に追及された法人事務局長や短大学長は、二三日の顔合わせは、ほかの理事には連絡されておらず、理事会議事録も偽造であることを認めた。九月六日に開催された理事会は、八月二三日の理事会決議は諸般の事情により撤回するという決議を行った。結局、安良城学長が理事長を兼務することになり、学園の身売りは危ういところで回避された。

✴新生沖縄大学の出発

認可存続以降、ダッチロールを繰り返していた沖縄大学は、一九七八年八月二八日の安良城学長選出によって、新しい方向性を明確にし、その第一歩を踏み出すことになった。だが、その前途は、決して平坦・順調なものではなかった。安良城学長の選出自体、スムーズではなく、五回の投票を繰り返し、五回目でようやく決着がついた。五回目の投票に先立って安良城盛昭は、「沖大は破綻している」、「移転は不可能」、「(沖国大との)再統合はありえない」、「沖大は、地域に根ざし、地域に奉仕する大学にすべき」という見解を述べた。大嶺哲雄は、「移転は今年中にはできないにしても将来の願望としては進めるべきだと考えている」と述べた。第一回の一五対一五、白票三からスタートした投票は、五回目で安良城一八票、大嶺一四票、白票一まで変化し、過半数を得た安良城が新学長に選出された。投票後、安良城は、前執行部の協力と教授会の協力が学長引き受けの前提になることを強調したが、前執行部は、円滑な引き継ぎを行わなかった。破綻した移転計画には、手続き的にも、内容的にも不透明な部分が多く、引き継げなかったというのが実態だったかもしれない。

こうしたこともあって、移転問題調査検討委員会の解明作業が進行する過程で、前学長・副学長は、休職願いの提出や撤回、辞職願の提出や撤回、那覇地裁への地位保全等仮処分申請(七九年四月)を行い、これに対して大学(教授会・理事会)は、無期無給休職、懲戒解雇等の処分を行った。八〇年六月、那覇地裁が、懲戒解雇処分は正当であるとの判断を下した(大学側勝訴)ため、前学長・副学長は控訴したが、八二年二月二四日、自らに非があったことを認める謝罪文を大学側に提出して任意退職し、大学は懲戒解雇処分を取り消すことで和解が成立した。

移転問題をめぐる訴訟以外にも、この時期、認可申請時の名義借り教員への契約不履行（給与不払い）問題等も表面化し、理事長兼学長等はその対応にも追われた。土地購入代金の頭金を支払ったまま、残金が支払えず破綻した移転問題は、安良城理事長・学長の八面六臂の活躍で、移転予定地を豊見城村へ転売し、大学が支出していた土地代金や手数料等の経費すべてを回収するというかたちで解決した。この問題の解決がなければ、沖大の自力再建は財政的に不可能だっただろう。

✶大学理念の確立

安良城盛昭学長は、新生沖縄大学の理念を「地域に根ざし、地域に学び、地域に奉仕する、開かれた大学」として定式化した。八〇年代に入って、このスローガンは「地域に根ざし、地域に学び、地域と共に生きる、開かれた大学」と明確化され、社会的にも認知されていくようになった。二一世紀の現在から見れば、「地域に根ざし……」とか「開かれた大学」という言葉は、多くの大学でいわゆる「建学の精神」をスローガン的に表現する言葉として使われ、すっかり手垢がつき、陳腐化しているが、七〇年代の当時にあっては、それなりの斬新さを持って沖縄社会にアピールした。これから約一〇年、沖縄大学は、安良城盛昭、永野善治（倫理学）、新崎盛暉（沖縄近現代史、社会学）と三人の学長が交代しながらも、この理念を継承し、その内実を検証・発展させることによって新しい大学づくりを目指すための教育実践を積み重ねていくことになる。

それは、再認可以来、「沖縄大学が再認可という妥協的手段をとってまで、なぜ独自存続を目指したのか」、を理念的にも実践的にも明らかにすることによって、その社会的存在意義を問うべきであるという根強く繰り返されてきた主張が、大学移転という即物的現実主義の破綻によって、ようやく教授会内の大勢を占めるようになってきたことを意味していた。その点からいえば、少なくとも事務職労のほうが、早くから「移転はペテンである」と見抜いていた。

振り返ってみれば、六〇年代の民主化闘争は、教員・事務職員・学生の全学協議会による自主管理という歴史的体験を経ながらも、短絡化していえば、教授会による理事会からの奪権という結果で終わっていた。そしてその教授会主導による存続闘争（とくに再認可というかたちでの存続）が、移転計画の破綻という結末を招いた主たる責任は、教授会にあった。

✴外科手術を終えて安良城退陣

新体制発足から二年も経たない八〇年五月、大学改革の先頭に立ってきた安良城学長は、自らの役割は終わったとして辞任の意向を表明し始めた。直接のきっかけは、大阪府立大学からの赴任要請（割愛願）であったが、安良城学長・理事長には、疲労感や苛立ちが蓄積していた。新生沖縄大学の理念実現のための教育実践は、執行部や各種委員会が、それぞれに役割分担しながら進めつつあったが、破綻した移転問題の事後処理や苦しい資金繰りの中での給与支払い等は、ほとんどすべて理事長の手にゆだねられていた。安良城理事長辞任問題が浮上した直後に開かれた臨時教授会（八〇年六月五日）の二つの決議が、問題の所在を明らかにしている。

一つの決議は、「現在嘉数学園は、学園内選出の理事長・学長を中心に運営されており、実質的には自主管理状態にある」と宣言し、「学園構成組織・メンバーは、主体的に学園運営に参加しているという自覚と実践を要求されている」こと、「すべての組織が自力更生主義を原則」とすべきこと等を謳い、もう一つの決議は、「大学の収入は大学で使うという原則」の確認、「大学・高校について種々の面から検討するための委員会の設置」という方針を打ち出している。

安良城辞任問題の核心には、理事長と高校労組の対立があった。すでに一〇七ページでも触れたように、高校は、沖縄返還後の生徒数急減で、存立不可能な状態に陥っていた。旧理事会は、関係機関に県立移管を働きかける一方、高校の規模縮小・人員削減を試みたりもしたが、高校労組の反対で失敗していた。その意味では、大学移転は、お荷物の高校を切り捨てて逃亡するという側面がないわけではなかった。逆にいえば、移転の誤りと非現実性を指摘して登場した安良城理事長は、当初は、高校側にも歓迎され、支持された。しかし、高校教職員の間で、自力で高校を再建しようという構想が模索されたわけではない。その点、教授会の議論の中で、当然の如く自主管理とか自力更生という言葉が飛び交う大学とは様相を異にしていた。

たとえば、全教職員の給与支払い資金が調達できないとき、理事長が、学園側の利子負担を条件として、労組に労働金庫からの一時借り入れを要請し、借入先を持たない大学教員等に限られた調達資金を優先支給して急場をしのごうとするような場合、大学事務職労はこの要請に応じたが、高校労組はこれを無視した。全教職員に平等に給与を支給するのが、理事会あるいは理事長の責任であるという硬直した形式論理がそこにあった。だがそれは、大学依存、他力本願の考え方の裏返しの表現に過ぎなかった。大学執行部や教授会が、理事長と高校労組の仲介を試みたこともあるがほとんど徒労に終わった。

こうした状況を背景に、教授会では、安良城学長の辞任を認めるか否かの議論が行われた。「引き受けて二年も経たずにやめるのは無責任」という意見や「強力なリーダーシップを発揮した安良城辞任への不安」も表明されたが、単騎独行型の安良城を傷付けることなく、安良城の言う〝戦時共産主義体制〟から〝集団指導体制〟へ移行するグッド・タイミングかもしれない、という判断も強かった。結局、八〇年六月二六日の教授会は、一八対一四、白票一で安良城辞任の申し出を了承した（退任は八月末日）。

安良城の後任には、永野善治副学長が選出された。理事長には、島尻勝太郎沖縄高校校長が就任した。元興南高校校長で歴史家の島尻勝太郎は、安良城盛昭に請われて沖縄大学教授となり、沖縄高校校長を兼務していた。島尻理事長は、大学と高校の独立採算制を前提とした上で、実務は、大学、高校それぞれの学内理事に委ねるというスタンスを取った（学外からの理事としては、金城睦弁護士や島尻理事長の教え子だった真栄城医院院長真栄城徳佳が協力してくれていた）。最後の切り札とも言うべき島尻校長・理事長によって、大学への依存の途を断たれた高校は、進学予備校尚学院に協力を求め、八三年三月には、校名も沖縄尚学高校と改めて進学校として再生の道を踏み出した。同じ八三年三月、永野学長が退任、後任に新崎盛暉副学長が選出された。

安良城学長・理事長の活躍によって、大学は移転計画の破産による財政破綻をまぬかれ、学園は特殊な政治的宗教的意図を持つ集団への身売りは免れたが、とくに財政的には、解決しなければならない課題が山積していた。いってみれば、緊急の外科手術には成功したものの、国税や地方税、私学共済組合の掛け金などの滞納、存続時の名義借り教員に対する賃金不払いの顕在化など、内科的には長期療養を必要とする状態にあった。しかし、大学改革は、後戻りすることなく、一歩一歩着実に積み重ねられていった。

✴仲原遺跡を発見した学生たち

沖縄大学が、存続闘争の後遺症に苦しんでいた七〇年代後半は、大学のどん底の時代であった。それでも、教職員の多くは、給与遅配への対応や繰り返される長時間の議論にエネルギーを割かれながらも、それぞれの部署における組織運営に力を尽くしていた。入学生の減少や退学者の増加もあったが、在学生の活動は活発であった。伝統的に文系サークルを代表する位置にあった沖縄学生文化協会が仲原遺跡を発見したのも、この時期である。

仲原《なかばる》遺跡は、沖縄島中部の勝連《かつれん》半島から太平洋に突き出た離島、伊計《いけい》島（現うるま市与那城《よなしろ》伊計）にある。七八年夏、学生文化協会によって発見され、二年後の八〇年六月、沖縄県教委、与那城村（当時）教委、学生文化協会、地元伊計部落の協力の下、本格的発掘が行われ、縄文時代後期（約二五〇〇〜二二〇〇年前、沖縄貝塚時代中期）の琉球地方の代表的村落跡であることが明らかにされた。

沖縄における最大の竪穴住居跡として復元整備され、八六年、国指定史跡となった。

体育系サークルでは、七九年、宮古高校から入学した陸上部の亀川冴子が、入学当初から、各種大会で好記録を出し、九州陸協からモスクワ五輪最終選手選考会に推薦されるなど、身長一五〇センチ、体重四〇キロの小さな大選手として気を吐いていた。

2　新しい教育実践の全面展開

✶入試改革から始まる大学教育改革

新生沖縄大学による具体的な大学教育改革は、入試制度の改革から始まった。「学んだ学力、身につけた知識の量よりも、学ぶ意欲を」というのがその基本方針であった。教授会に設置された「試験制度・カリキュラム内容検討委員会」（後に教育改革委員会）がその推進役であった。

当時、沖縄大学は、他の文科系大学同様、国語、英語、社会の三科目で入学試験を行い、その結果は、入学者の選別のみに使用されていた。これを面接のみの入試に切り替え、英語・国語等の基礎学力テストは入学式の翌日に行い、習熟度別のクラス編成や特別補習授業の参考にした。面接も

1986年4月6日の入学式で講演する筑紫哲也・朝日ジャーナル編集長（当時）。

入学者選別の手段としてよりも、学習意欲の刺激・動機付けの場として位置づけなおされた。学生募集に際して、あらかじめ課題図書を明示し、面接で読んできた課題図書を話題にすることも試みられた。最初の課題図書は、プラトーン『ソクラテスの弁明』（岩波文庫）、尾形憲『学びへの旅立ち』（時事通信社）、新崎盛暉『沖縄の歩いた道』（ポプラ社）の三冊から一冊を選んで読んでくるというものであった。応募者が増加すると、課題図書を資料とした小論文テストを導入したり、面接で新聞の社説や簡単な英文を読ませた上で質疑を交わすなどの工夫もされた。当時は、試行錯誤の繰り返しであったが、現在の時点に立ってみれば、いわゆるＡＯ入試に十数年先駆けた試みであった。

入学式も単なるセレモニーから、教育の場へと変革された。灰谷健次郎の作品を映画化した『太陽の子』を入学式で上映したこともあるが、その後記念講演が定番化した。初期のころの講演者をアトランダムに挙げれば、元宮城教育大学長・林竹二、映画評論家・佐藤忠男、朝日ジャーナル編集長・筑紫哲也、日本教育学会会長・大田尭、初代環境庁長官・大石武一、作家・椎名誠などの個性的な人びとの名が挙がる。いずれも沖大の志を評価して、きわめて薄謝で、単なる「教育」というよりも、人としての生き方を語ってくれたのであった。中でも林竹二は、新生沖縄大学の試みに共鳴して、自ら講演を申し出てくれた。永井道雄元文部大臣を招いて「これからの教育——世界史の中で考える——」を開催したこともある。

✴地域に根ざすカリキュラム

カリキュラム改革の筆頭に挙げるべきものは、沖縄関係科目群の設置であろう。当時、すなわち一九九一年の「大学設置基準の大綱化」以前は、大学で履修すべき科目が、一般教養科目と専門科目に分けて定められており、たとえば一般教養科目では、学部・学科を問わず、自然科学分野から三科目一二単位、社会科学分野から三科目一二単位、人文科学分野から三科目一二単位を履修しなければならないなどとなっていた。このなかに「琉球方言概説」「琉球文学論」「沖縄文化論」「琉球古文書購読」「沖縄法制史」「沖縄経済史」「沖縄戦後史論」などの沖縄関係科目群を設置したのである。「沖縄経済史」は経済学科の、「沖縄戦後史論」は法学科の専門科目として読みかえることも可能とされた。

沖縄社会は、地理的には亜熱帯に位置する島社会であり、歴史的には、日本という国家とは別個に「琉球王国」を形成し、そうした自然環境や独自の歴史に培われた特色ある豊かな文化を有している。現代史に限定しても、日本で唯一の住民を巻き込んだ地上戦を体験し、戦後二七年にわたって米軍政下に放置され、七二年の沖縄返還後も、日米安保条約に基づく米軍基地の七五％が国土面積のわずか〇・六％の沖縄に押し付けられているという独自性、というよりも特殊性を持っている。こうした沖縄の特殊性は、近現代の学校教育の場では（少なくとも八〇年代ぐらいまでは）無視されたり、抹殺されることはあっても、きちんと位置づけようという試みはなされなかった。

沖縄では、桜（緋寒《ひかん》桜）は冬咲くのに、教科書では春に咲くことになっていた。八〇年代の話だが、沖縄の桜の名所、名護市の小学校で、桜はいつ咲きますかという問いに、冬と書いてバツ点をもらったという笑えぬ実話があった。こうした状況を踏まえて、沖縄返還後間もなく、沖縄の高校教員の団体、沖縄高教組が、高校社会科の選択科目に、世界史、日本史などと並んで沖縄史を加えるよう運動したが、成功しなかった（現在では、大学進学率のあまり高くない高校で、琉球・沖縄史が選択科目の一つとして認められている）。

いずれにせよ、沖縄で生まれ育ち、大学まで進学しても、自らが生まれ育った地域社会についての体系的学習の機会を持ちえなかった学生に対して、あるいは、本土に育ちながらあえて沖縄という独自性のきわめて強い地域社会にある大学で学ぶことを選んだ若者たちに対して、この地域社会の独自性について、多方面から系統的に学習する機会を与えることは、沖縄という地域に存在する大学にとって不可欠の課題であり、それこそが一般教養科目の役割であったろう。だが当時は、沖縄大学のみならず、沖縄の他の大学においても、そうした認識はほとんどなかったのである。

集中講義は、できるだけ、夏・冬の長期休暇の期間に、それも二部（夜間部）の時間帯に設定し、学外にも公開する、という方針を決めたのもこのときからである。地方の小規模大学が特色あるカリキュラムの充実を図ろうとするとき、大学への通学・通勤圏を越えた遠方（関東や関西など）からさまざまな分野の講師を招いて行う集中講義を組み込むことは避けられない。だが、貧乏大学が身分不相応の経費を使って行う（といっても、どんな有名人にも特別の謝礼をはらったことなどないのだが、遠隔地であればあるほど、旅費・宿泊費等の経費はばかにならない）集中講義の受講者が、限られた学生というのではあまりにももったいない。夏休みのような時期の夜に開講すれば、一、二部の学生が同時に受講できるだけではなく、地域の人びとにも、めったに接することのできない講師の講義を直接受講する機会を提供することができる、と考えたからである。講師の側からすれば、午後六時半ごろから一〇時前後までの講義を数日間連続して行うことは、昼間の講義に比べて、かなり負担感が大きいはずであった。だが、集中講義を引き受けてくれた人びとは皆、この大学の方針に理解を示してくれた。

新入生対象の教養ゼミ（現在は、問題発見演習）を設け、四年間一貫ゼミナール体制を確立したのも、答案・レポートの返却運動が起きたのも、このときからである。

どこの大学でも、学年末や学期末にテストを行ったり、レポートを提出させたりして、学生の成績を評価する。しかし、試験の答案やレポートは（入試の場合も同じだが）、ほとんどの場合、成績評価の資料としてしか利用されない。評価される側の学生は、なぜそのような評価がなされたのかを知ることはできないし、ましてやその結果をその後の学習に活かすこともできない。そこで、評価した答案やレポートに、コメントを付したり、添削をして返却すれば、かなりの教育効果が上がるはずである。ただし、これは間違いなく教員の負担増になるし、講義や演習の形態も多様である以上、一律に強制するのも難しい。ただ、組織存亡の危機感が強いときほど、そして危機感が組織の構成員に共有されていればいるほど、こうした運動は自発的に盛り上がるものでもあった。

しかし逆に、実際には危機的状況にあっても、組織のメンバーが、そのことを明確に認識し、自らがその状況を打開する一員であることを自覚しない限り、組織は弛緩する。七八年以前の沖大が、まさにそうであった。重要な意思決定をしなければならない教授会が、定足数に足りずに流会となることもあった。無断休講が、学生の抗議を受けることもあった。安良城学長が、就任と同時に厳しく求めたのは、教職員の自己規律の確立であった。

教授会の出席は、教員にとって、権利であると同時に義務であることが確認され、教授会は、定例的に（といっても当初は臨時教授会のほうがはるかに多かったが）、定刻に開かれるようになった。無届はもちろん、曖昧な理由による休講も認められなくなった。行政機関の審議会等への出席よりも、授業が優先された。やむをえず休講する場合は、補講が義務付けられた。これらは、ある意味では常識だが、八〇年前後の時期には、この常識が常識として通用しない大学も少なくなかったのではあるまいか。

✴全国で初の他大学との単位互換制度

現在では、単位互換は、ある種の流行である。地域的にいくつかの大学が連携するコンソーシアム、遠隔地の大学同士の姉妹校提携など、形態も多様である。だが、学部レベルで、教育理念実践の重要な柱の一つとして単位互換制度を採用したのは、実は全国で沖縄大学が最初である。

当時から文部省の大学設置基準は、学部卒業に必要な一二四単位のうち、三〇単位以内は、他大学で履修取得することが可能としていた。だがこの制度は、まったく活用されていなかった。有名私大には、海外の大学と提携して語学教育に役立てようというようなところはあったが、大学院レベルを別にすれば、国内大学同士の提携は皆無であった。学部レベルでは、その必要性、教育効果が感じられなかったのだろう。

沖縄大学は、卒業に必要な単位のうち、三〇単位以内を他大学で履修することができるという制度に注目、その積極的な活用を図った。

すでに述べたように、沖縄は、歴史的にも文化的にも、さらには自然環境の上でも、日本の中でもっとも独自性の強い地域である。そしてその独自性は、これを相対化する視点に立つとき、より明確に認識される。そうした観点から周辺を見回してみると、沖縄各地の「シマおこし」運動や、乱開発に反対する住民運動のリーダーたちの少なからぬ部分が、一度は沖縄を離れて、ヤマトの大都市での生活を体験し、そこでの生活を通して沖縄社会の特性を自覚してそれぞれの出身地域へ戻った若者たちであることに気づかされた。彼らは、米軍政下からの離脱の途を日本復帰に求めたが、沖縄返還後は、地域的文化的独自性をよりどころに、画一的制度の押し付け、経済効率優先の乱開発、日本政府に肩代わりされた米軍基地強化に対して異議申し立てをしようとしていた。

自分が生まれ育った地域社会や文化を相対化する視点を獲得するという意味では、小学校から大学までの学校教育の過程で、一定期間沖縄を離れて生活することは、大きな教育的効果が期待できた。大学設置基準が認める三〇単位は、卒業に必要な単位の約四分の一である。一、二年次を沖大で学び、三年次に県外大学で勉強し、四年次に沖大に戻れば理想的であった。独自性の相対化という点で沖縄の学生に有意義な制度は、裏返せば、ヤマトの学生にとっても意味があるはずであった。だが、沖縄大学と認識を共有しうる大学はどこにあるだろうか。

わたしたちはまず、この制度を「派遣学生制度」として始めることにした。わたしたちの考え方を理解してくれる大学の法学部や経済学部に特別聴講生として受け入れてもらおうというのである。当時は、法学科の学生は法学部へ、経済学科の学生は経済学部へ、と専攻分野別に狭く限定して考えていた。最初の派遣学生は、七九年四月、立命館大学に八名、上智大学に四名が送られた。翌年から法政大学が加わった。いずれも、沖縄大学とは比べようもない日本を代表する大規模有名私大である。なぜそうなったか。

たまたま、当時の安良城学長、永野副学長、新崎図書館長の知人が、それぞれの大学に教授として在籍しており、その人たちがそれぞれの大学の関係学部の受け入れ承認を取り付けてくれたからである。安良城学長が最初に話を持ち込んだ立命館大学には、事務局にも受け入れに熱心な職員がおり、ここで作成された受け入れ要綱が、上智や法政でもそのまま使われることになった。

ヤマトに学生を送り出してみて、改めて気づかされたことは、日本と沖縄の私立大学の学費水準の格差である。沖縄大学は、学生の受け入れ校に対して、派遣学生が登録した三〇単位以内の聴講料を納入することになるのだが、その金額は、沖縄大学の年間授業料をはるかに上回っていた。それは、沖縄と日本の経済水準の格差を意味してもいた。沖縄大学の試みに共鳴して勝手に応援団を自称していた環境学者・宇井純（後に沖縄大学教授→名誉教授）が「日本に国立大学より授業料の安い私立大学があることを初めて知った」といったのはこのころのことである（ちなみに一九八〇年の国立大学の初年度納入金は、二七万五千円、沖縄大学は、二二万円だった。現在でも国立大学はやや上回っているものの、全国の私大の中では最低水準にある）。

こんなとき、沖縄大学の試みに関心を示した津田塾大学から、単位互換協定締結の話が舞い込んできた。津田塾大学の国際関係学科では、沖縄の歴史的文化的独自性を、いわば日本の中の第三世界として捉え、沖縄大学が開設している沖縄関係科目群を、国際関係学科の地域研究の専門科目として認定しようというのである。相互に交換する学生数に違いがあっても、聴講料等の徴収は行わないことも決まった。津田塾大学との協定は、その後の単位互換協定のモデルになった。沖縄大学にとって有難かったのは、津田塾大学が、沖縄大学からの交換学生のために、学生寮を優先的に割り当ててくれたことだった。それまでの派遣学生は、派遣先大学の学生部の斡旋で下宿を探したり、

早稲田大学政経学部の西川潤教授からの申し入れで合同ゼミ（インターセミナー）も行った。早大から28名、沖大は山門ゼミを中心に12名が参加、合わせて10本の報告をもとに真剣に討論した（写真は座間味島で、1984年4月）

沖縄県の学生寮を利用したりしていたが、物価水準の差や、遠距離通学などの困難も少なくなかったからである。

八五年四月、沖縄大学は、津田塾大学の学生二名を、初めての他大学からの交換学生として受け入れることになった。単位互換協定の締結それ自体は、和光大学のほうが早かったが、当初の協定では、和光の学生が沖大に来る場合は、和光大学に納める学費以外に沖縄大学に単位取得のための聴講料を支払う等ハードルが高かったため希望学生がいなかった。しかし、協定が津田塾方式に改定された後は、交換学生が急増した。これ以後単位互換大学は増え、外国の提携大学を含めた派遣・受け入れ学生は、二〇〇七年度までに、派遣二六七、受け入れ一三三となっている。派遣学生が最も多かった年は、九一年の二〇名、受け入れが最も多かった年は、〇四年の一四名である。

提携した外国の大学は、英語や中国語の語学研修の派遣先が多いが、オーストラリアのシドニー工科大学、台湾の東海大学、韓国の聖公会大学とは、交換学生の受け入れも行っている。相手校は、いずれも日本語科等があり、受け入れ学生の受講には、語学上の特別配慮は要らないが、こちらからの学生は語学研修を必要とする場合が多く、聖公会大学では、語学アドバイザーを付けてくれている。

✴県外にも広がった学生の出身地

派遣学生制度・単位互換制度は、とくに初期のころは他の大学に例がない沖大の特色として、本土における一年間の生活費の捻出という経済的難点はあったものの、学生たちにも大いに歓迎された。二部所属の勤労学生が、勤務先を一年間休職して法政大学で学んだという例もあった。雪の降らない沖縄から、極寒の旭川大学に行った学生は、どんな体験をしただろうか。沖縄大学との提携関係を活用して、京都精華大学が主体となり、旭川大学でアイヌ文化を学習するショート・スタディーが企画されたこともあった。和光大学から受け入れた交換学生が沖縄大学に編入を希望し、一年後に韓国の聖公会大学へ交換学生として出かけるという事例も生じた。茨城県の高校を卒業して沖縄大学に入学し、札幌大学に単位互換で出かけた学生がいたが、彼は、入学前から、単位互換制度の活用を計画していたのだという。

沖縄出身の学生に地域的独自性を相対化する視点を与えることを意図してはじめられた派遣学生

制度・単位互換制度は、当初の意図を超えて、沖縄大学を日本の地域的文化的多様性を相互確認する教育的拠点に発展させていたのである。そしてそれは、沖縄大学を活性化することに大いに役立った。

沖縄返還以後、世間的には紛争大学としての印象が強かった沖縄大学にも、ヤマトからの入学者が、七三入学生を含めていくらかはいた。それらの学生がすべて沖縄に強い政治的関心を持っていたというわけではなかった。むしろその多くは、「沖縄の青い空、青い海」にあこがれるマリーンスポーツ愛好家であった。「雪の降らないところに住んでみたかった」という東北出身の学生もいた。だが、こうしたノンポリ学生たちが、沖縄で日常生活を送っているうちに、普通の世話好きな下宿のおばさんたちのふとした話の中で、一般住民の悲惨な地上戦体験を知り、突然沖縄の現実に目覚めるということもあった。大学当局が力説するまでもなく、彼らは、貧弱な校舎の立つ狭い敷地ではなく、沖縄という地域社会全体を彼らのキャンパスにしていた。日本一貧弱な施設設備に失望している学生はひとりもいなかった。そうであれば、沖縄県外でも、積極的な学生募集を行ってみよう、ということになった。

沖縄返還をきっかけにして、沖縄で地方入試を行う本土の大規模私立大学は増えつつあった。これに対して沖縄の大学は、受身の対応しかできず、沖縄に閉じこもっていた。沖縄は、学生募集のいわば〝草刈場〟になっていた。これに対し沖縄大学は、本土への逆上陸を試み、東京、大阪、福岡等に入試会場を設置し、沖縄の外でも学生募集を行うことにした。八〇年代には、沖縄大学の学生の三割ぐらいを県外出身の学生が占めていた。

✴離島僻地・マイノリティー推薦入学

沖縄大学は、離島僻地出身者やマイノリティー出身者等を対象とする推薦入学制度と奨学金制度を設けている。そのきっかけは、八八年二月に、北海道ウタリ協会札幌支部から届いた要望書だった。沖縄大学の教育実践が、全国的にも、多少は知られ始めたころのことである。この要望書は、「アイヌ民族子弟教育向上と自立化の為、貴大学教授会に於いて、昭和六四年度よりアイヌ子弟推薦入学制度設置の為、審議頂きたく要望致します」となっていた。

当時、アイヌ子弟の大学進学率は、社会的差別や経済的貧困のため、北海道全体の三六％に対して八％、高校への進学率さえ六四％で、中途退学者も多いと報告されていた。こうした現実を踏まえた要望書であった。

ちょうどその前の年、八七年七月に沖縄大学では、それまでの教育改革、とりわけ入試改革に関する総括集会を開いていた。そこで議論になったのは、次のようなことである。

沖縄大学は、できるだけ多様な、個性ある学生が入学できるような入試方法の改革に努めてきた。しかし、大学に対する社会的評価が高まり、志願者が増加して競争倍率が高くなるにつれ、いわゆる偏差値ランクは上がったかもしれないが、個性的な学生や地方出身の学生が減少してきたのではないか、というのである。

沖縄には、人の住む島が約四〇ある。そのうち高校のある島は五つ、大学のある島は一つしかない。当時すでに沖縄でも、高校進学率は九〇％を超えていたから、高校のない島の子どもたちは、中学を卒業すると島を離れ、高校のある島に寄留しなければならなかった。親元を離れた子どもたちやその家族を取り巻く経済的社会的環境は、きわめて厳しいものがあった。

ましてや大学進学ということになれば、受験関連情報の収集や受験技術の習得においても、都市地区と離島・僻地では大きなギャップがある。したがって入学時の成績は、離島僻地の学生よりも那覇や東京、大阪など都市地区の学生のほうが高い場合が多い。しかし、入学後はたんなる学業成績だけをとっても、しばしば逆転現象が見られる。すなわち、入学時の「学力」は、必ずしもその学生の「能力」を示すものではない。にもかかわらず、個性的な学生や地方出身の学生が入学の段階で締め出されているとすれば、「地域と共に生きる」ことを志し、「受験戦争の外側に創造的な学びの場」を創り出そうとする沖縄大学にとっては、問題ではないかというのである。

こうした議論やウタリ協会からの要望書を踏まえて、沖縄大学では新たに「離島僻地等、修学条件の厳しい地域やマイノリティーの出身者で、将来その社会への貢献を期待されるものとして関係機関の長より推薦された者」を対象とする推薦入学制度と奨学金制度を設けた。

ウタリ協会からの要望書は、沖縄大学にとっていささかの戸惑いを持って受け止められたが、あえてこの要望を織り込んだ制度を設けたのは、次のような判断があったからである。沖縄の小さな私大でさえウタリ協会の要望に真摯に対応したということが、今後たとえば、北海道ウタリ協会が地元の研究・教育機関に対して、アイヌの文化や歴史に関する研究への特別な配慮（たとえば国公立大学へのアイヌ語科の設置）や教育上の配慮（各レベルの学校教育においてアイヌ問題を正しく認識させることやアイヌ子弟への奨学金制度の充実や推薦入学制度の創設）を要請する場合の先例として活用してもらえばいい、と考えたのである。

沖縄大学からの回答を得たウタリ協会札幌支部は、早速、札幌で記者会見を行うと同時に、札幌市の補助を得て、札幌市ウタリ教育相談員を引率者として高校生四人と、大学進学希望の社会人一名を沖縄に送り、沖縄大学の学生と交流したり、入試方法についての具体的説明を受けたり、「沖縄戦と基地問題を考える沖縄セミナー」（後述）に参加したりした。この慣行はその後も続き、その過程で三名のウタリ協会札幌支部推薦学生が入学し、推薦制度を利用せずに入学した後この奨学金制度を活用して卒業した関東在住のアイヌ子弟もいる。

✴時代を切り拓く土曜教養講座

現在、沖縄大学の特色を示す看板の一つとなっているのが、土曜教養講座である。存続闘争の総括をめぐる論議の中で、沖縄大学の自主存続の意義を社会に示すべきだとして、実践例の一つとしてあげられていたのが、大学と地域が共に学ぶ場の設定であった。土曜教養講座は、すでに七六年に二回、七七年に四回、同窓会の協力も得て（同窓会長であり、マスコミ労協議長でもあった大城光恵を講師に「国家権力とマスコミ」をテーマとする講座がもたれた）、有志の自主的試みとして試行錯誤

第８回土曜教養講座。色川大吉東経大教授「日本民衆史の問題点」（79年２月10日）

的に実施されていた。土曜教養講座が、原則月二回、第二土曜と第四土曜の午後に開催されるようになったのは、七八年一〇月二八日、遠山茂樹横浜市大教授による「戦後改革の評価」からである。

土曜教養講座の目的の第一は、学内の研究成果を、学生を通してだけでなく、直接地域社会に還元することにあった。第二は、地域社会における実践的研究・教育、地域活動などの成果を大学を媒介として、さらに地域社会に拡大発展させることであった。第三は、さまざまな分野の著名人等の来沖のニュースをすばやくキャッチして、地域社会の多くの人びとにその人たちの話を聞き、共に考える機会を提供することであった。貧乏大学が、旅費・宿泊費を出して講師を招くことはきわめて困難だったけれど、取材や調査、学会出席等、いろいろな名目で来沖する人たちは決して少なくなく、この人たちに事前に連絡して、土曜教養講座の講師を引き受けてもらうことは、さして難しくはなかった。土曜教養講座のスケジュールに組み込めない場合は、単発の講演会やシンポジウムが企画されたこともあった。

土曜教養講座は、沖縄大学市民大学運営委員会が主に企画運営を担っていたが、学外の市民団体やボランティアグループと共催したものも少なくない。土曜教養講座は、いつの間にか地域社会の人たちによって共有されており、これはぜひ沖大の土曜教養講座でやりたい、沖大ならやってくれるだろう、と学外から持ち込まれる企画も増えていったからである。その一つである免田栄・元死刑囚の「映画と講演の夕べ」（九三年一二月）は、二五〇人収容の一号館六〇一教室に四〇〇人近い人びとが集まり、入室しきれない人たちが廊下に溢れて、土曜教養講座の会場が市民に開かれた広場であることを示した。

土曜教養講座の枠外では、高良有政・地域研究所所長など学内有志と、高校生を含む学外の有志が実行委員会を作って開催した「世界は、沖縄は、これでいいの？　――中村医師に聞くアフガンの現状」（二〇〇二年一月）が千人近い聴衆を集めた。ペシャワール会の中村哲医師を招いて行われたこの催しは、一号館六〇一教室をメイン会場に、第二会場である二号館五〇六教室に大スクリーンを設置して行われ、ペシャワール会へも、百万円を越えるカンパが送られた。的確な問題意識と、時宜を得た判断がこうした成功を生んだといえよう。

すでに四〇〇回を越える多彩な内容を詳しく紹介することはできないが、そこには時の流れが反映していると同時に、沖縄社会の底流に流れるテーマが貫かれていた。たとえば、沖縄社会の歴史的体験である沖縄戦、六〇年間変わらない現実である米軍基地の存在などがそれである。

沖縄戦に関する土曜教養講座の中でも、もっとも特色ある企画は、元韓国人軍夫をパネリストとして行われたシンポジウム「強制連行の韓国人軍夫と沖縄戦」であろう。

沖縄戦に朝鮮半島から強制連行されてきた「軍夫」とか「慰安婦」とか呼ばれる人びとは、一万人を越えるといわれる。慶良間諸島へも韓国の慶尚北道慶山郡から特攻艇を収容する秘匿壕や陣地壕などの建設のため数百人の軍夫が連れてこられ、数多くが戦死したり、日本軍に（畑の作物を盗んだ等の理由で）処刑されたりした。戦争が終わり、生き残った人びとは、故国へ送り返される船の上で太平洋同志会という一種の戦友会を結成し、いつの日か沖縄で死んだ人びとの魂を故郷に連れ帰り、慰霊碑を建てようと誓い合ったという。ところが朝鮮戦争や日韓関係、軍事独裁体制等に妨げられて、なかなかその希望を実現することができなかった。一九八六年の段階でも、一般の人たちが海外渡航をする場合は、しかるべき機関等からの招請状が必要だった。この話を伝え聞いた新崎学長は、太平洋同志会の代表五名に、シンポジウムの講師としての招待状を送った。提携大学の津田塾の高崎宗司教授も、ボランティアでシンポジウムの通訳に駆けつけてくれた。彼らの滞在費は、学内外の有志による歓迎実行委員会がカンパを集めてまかなった。

太平洋同志会の人たちの主目的は、慶良間の阿嘉島で招魂祭を行うことであった。地元報道機関は、彼らの沖縄における行動を、それこそ密着取材した。沖縄の一般市民が、沖縄戦の中における朝鮮人の存在を、実感としてはっきりと意識するようになったのはこのときからといっても言い過ぎではあるまい。

基地問題についても、それぞれの時期にさまざまな企画があるが、韓国との関係でいえば、九八年の「韓国の米軍基地問題」がある。

一九九五年の少女暴行事件に端を発する沖縄の、米軍基地の整理・縮小・撤去と日米地位協定の見直しを求める民衆運動のうねりは、同じ課題を抱える韓国民衆の関心を集めた。韓国でも民主化の進展にともなって、米軍犯罪根絶運動などが大きく広がりつつあった。九〇年代後半から、日韓の民衆交流とはいささかベクトルが異なる沖韓民衆の相互理解のための交流活動が積み重ねられていった。韓国側のパネリストを中心に、沖縄の民衆に韓国の米軍基地問題に対する理解を深めてもらうためのこのシンポジウムは、こうした交流活動の積み重ねの上にあった。翌九九年、ソウルで、沖縄側パネリストを中心に、韓国の民衆に沖縄の米軍基地問題に対する理解を深めてもらうためのシンポジウムが開かれ、二〇〇〇年には再度、土曜教養講座で、沖韓双方の関係者が両者の共通課題を考えるシンポジウムを行った。

韓国の民主化運動への参加体験を持つ教員が多い聖公会大学が、沖縄大学に単位互換・提携の申し入れを行った背景には、こうした事情もあった。一見無関係に見える単位互換制度と土曜教養講座も、大学の評価、特色作りという点では、結びついているのである。

土曜教養講座には、学生を主体とするものもあった。沖大を中心に、琉大、沖国大、キリスト教短大等の学生の参加も得て、八九年六月に行われた「『慰霊の日』若者からの視点——五大学クロスオーバー・トークイン」などがそれである。

土曜教養講座に対しては、一九八二年から二〇〇七年まで、那覇市の助成金を得ていた。

✴大学を地域へ——琉球弧縦断移動市民大学

沖縄には、前にも述べたように、人の住む島が約四〇あるが、大学のある島は一つしかない。こうした地理的条件を持つ地域で、その条件に即しながら、新生沖縄大学の理念を実践するにはどうすればいいか。安良城学長が最初に打ち上げたのは、分校構想だった。沖縄島北部の名護市や宮古、八重山に沖縄大学の分校を作ろうというのである。だが、財政的に窮乏状態にある沖縄大学の試みとしては、あまりにも難点が多かった。通信制の併用等も検討してみたが、現在のようにＩＴ技術が発達した段階であればまだしも、八〇年前後の段階では、クリアーしなければならない問題点が多かった。分校を受け入れる側の自治体の協力を求めるにも、沖縄大学の過去は、その説得材料が乏しかった。

そこで沖縄大学は、移動市民大学から始めることにした。具体的な実績を積み重ねながら、大学と地域が共に学ぶ場のイメージを描き出していこうとしたのである。

実は、土曜教養講座と同じく、移動市民大学も、すでに七六年二月、宮古島と石垣島で実施されていた。出張入試を利用した（そうすれば移動大学のための旅費が節約できる）、有志によるテストケースであった。移動市民大学が、継続的計画的に行われるようになったのは、七八年一一月、名護市

平良市（現宮古島市）で初めて開催された移動市民大学。安良城盛昭・沖大教授が「沖縄の歴史」を講義した（1976年2月7日）。

において実施された移動市民大学からであった。

名護市は、『名護市総合計画・基本構想』（一九七三年）で、いわゆる「逆格差論」を提起して注目されていた。逆格差論は、名目的な所得水準が豊かさの目安になりうるのか、という問題提起であった。同じ一〇万円でも、東京と、那覇と、名護では、その価値は同じではない。豊かな自然に囲まれた地域の生活実態に照らして考えると、統計上の数字で示される所得が低いからといって貧しいといえるのか、というのである。

当時は、那覇と名護を結ぶ高速道路・沖縄自動車道もなく、国道五八号線も、有名な名護の七曲りの名残りをとどめており、名護市は既設大学への通学圏外に位置していた。そのためその名護市では、すでに七三年から、「市民の学問を、市民の大学をつくろう」というスローガンの下、講演会形式の「なご市民大学講座」が始められていた。このような発想と実績を持っていた名護市の行政に、沖大の「なご移動市民大学」は、すんなりと受

奄美大島・名瀬市での第３回移動市民大学講座（1984年10月1〜5日）。

け入れられたのである。

移動市民大学は、平良《ひらら》市（現宮古島市）や石垣市の教育委員会の協力を得て、宮古・八重山へと展開していった。移動市民大学が、「琉球弧縦断移動市民大学」と銘打って全面展開されるのは、一九八二年からである。

琉球弧とは、一六〇九年の薩摩藩の琉球侵略以前の琉球王国の版図、琉球文化圏を指す。もともとは地理学上の言葉だったが、長らく奄美大島の名瀬《なぜ》市（現奄美市）に住んでいた作家の島尾敏雄によって、行政的には鹿児島県大島郡に属する奄美諸島と、沖縄県域をひとくくりに捉える言葉として、文化的意味づけを与えられていた。一九七〇年代、すなわち沖縄返還以後は、この島じまをエネルギー基地として位置づけようとする政策に反対する住民運動などが、行政的境界を越えた紐帯を示す言葉として使うようになっていた。

奄美諸島には、人の住む島が八つある。そのうち五つに高校があるが、大学のある島はない。敗戦から一九五三年一二月までの八年間は、沖縄県域と共に米軍政下に置かれ、米軍指令によって設立された琉球大学の奄美分校もあったはずだが、その痕跡はすっかり失われていた。せめて琉球大学奄美分校が、鹿児島大学奄美分校として引き継がれていたならば、この地域の文化教育活動に大きく寄与したと思われるが、当時はそうした発想はなかったようだ。それから二〇年、奄美諸島と沖縄県域は、言語や民俗の研究対象としては、共通の要素を持つものとしてとらえられてきたが、現実の政治的行政的経済的問題を考える場合には、まったく分断されていた。その意味で、沖縄返還は、この二つの地域の関係性を問い直す、あるいは現実の共通課題について捉えなおす契機となった。まず最初にそうした問題意識を持ったのは、双方の地域の住民運動であり、次いでわたしたちが、それを教育文化活動の領域に広げていったといえるだろう。

こうして琉球弧縦断移動市民大学は、奄美大島の笠利町や名瀬市、沖永良部島の和泊町、宮古の平良市、八重山の石垣市やそれぞれの自治体の教育委員会の賛同、支援、経費面の援助を含む協力を得て展開されることになった。地元のローカル紙も、紙面で講座内容を詳しく紹介したり、社説で支持の意思を表明してくれたりした。ただ、これを分校構想に発展させるためには、制度的にも、財政的にも、スタッフの点でも、不可能に近いことが明らかになっていった。

しかし、琉球弧縦断移動市民大学は、各地域に沖縄大学の存在を具体的にアピールするキャンペーンとしては、大成功を収めた。また、各地のこの種の社会教育活動を活性化したという点でも、一定の効果を挙げた。たとえば、石垣市では独自に、「いしがき市民大学」が立ち上げられ、奄美では、奄美群島広域事務組合によって、ティダネシア塾が発足した。これらの地域では、自治体が主役となり、沖縄大学は協力者となった。琉球弧縦断移動市民大学は、とりあえずの役割を終えた。（その後も、久米島、宮古島、竹富島などで地元の要望にこたえて移動市民大学を断続的に続けている。）

✴沖縄で、沖縄を学ぶ――沖縄セミナー

すでに一二九ページで書いたように、沖縄大学は、県外でも学生募集をすることにしたのだが、その具体的手がかりはどこにあるのか。まずは、帰省する本土出身の教員に託して、大学案内のリーフレットを、東京や大阪の書店に置いてもらうことから始めた。次に何かの媒体に広告を出そうということになったのだが、そのとき思い当たったのが、高校生文化研究会（現在の高文研）が発行している高校生や高校教師を対象にした月刊誌『考える高校生』である。受験競争などとは次元の違う位置で高校生活・高校教育のあり方を考えようとしているこのような雑誌こそ、沖縄大学の存在をアピールする場としてふさわしかった。

一方、高文研側も、沖縄取材の体験などを踏まえて、沖縄の現場教師を対象にしたセミナーでもできないかと考えていた。かくして学生募集の広告の話は、一挙に教育セミナー共催の話に飛躍し、八一年七月、第一回沖縄セミナー「子どもと青年の人格形成を考える教育実践セミナー」開催となった。四日間の日程を好評のうちに終え、せっかく始めたのだから、三年間は続けようということに

なり、翌八二年七月、第二回セミナーが開催された。第二回目は、「沖縄で学び、沖縄を学ぶ・82教育実践セミナー」と名づけられた。『考える高校生』を通して、本土からの参加呼びかけも行うことにしたからである。このため最終日の三日目には、バスを使っての基地・戦跡めぐりを設定した。

当時は、このような企画に、本土からどれぐらいの参加者があるか予想もできなかったが、北海道を含め全国から四四名もの参加者があった。もう一つ意外だったのは、沖縄現地の参加者にも、基地・戦跡めぐりの参加希望者が多かったことである。灯台下暗し、ということがあったのかもしれない。かくして最終日には、参加者一二〇人を二台のバスに分け、それぞれに沖縄タイムス・琉球新報の基地担当記者や沖縄戦研究者に分乗してもらって、基地・戦跡めぐりが行われた。

第三回目からは、名称も「沖縄戦と基地問題を考える・83沖縄セミナー」となり、教育実践セミナーは、歴史的体験としての沖縄戦と現実に直面する基地問題を学習する場に純化し、参加者も年々増加していった。とくに本土からの参加者には、高校教師の占める割合が大きかった。当然、一度や二度の紙面広告よりもはるかに沖縄大学のＰＲに役立つことになった。

当時は、公立高校の修学旅行には飛行機利用が認められていなかったが、平和教育に熱心な私立高校の沖縄への修学旅行は増えつつあった。そうした高校の教師たちにとって、このセミナーは、事前学習を兼ねた旅行先の下見としても大いに活用されたようだ。そうした意味では、若い世代の沖縄認識を深めることにそれなりの寄与をしたといえるだろう。ちなみに、当時沖縄を修学旅行先

1984年７月、第４回沖縄セミナー。ひめゆり学徒隊の最期の地の一つ、沖縄島南端の荒崎海岸で、ひめゆりの体験者から話を聞いた。

に選んだ高校は、年間、百校程度だったという。セミナーの成功に気をよくした沖大と高文研では、一〇回までは続けようと約束した。

同じころ（八四年）市民団体である一坪反戦地主会も、その活動の一環として、二五回にわたる「基地・戦跡案内人養成講座」を開催していた。こちらは、自ら沖縄の歴史体験や現状に対する理解を深めると同時に、来沖する本土からの平和団体関係者などに適切に対応することを目指すものであった。

こうした動きがあちらこちらで見られるようになったのは、偶然ではない。一九八二年には、教科書検定で、沖縄戦における日本軍の「住民虐殺」が削除されるという問題が起こっていた。全国的には、アジア「侵略」が「進出」と書き換えられて中国や韓国からの強い抗議を受けたという問題がクローズアップされ、沖縄戦の記述はそれほど注目されなかったが、沖縄では、県議会の抗議決議をはじめとする強い反発があり、これを受けて翌年から記述が復活していた。一見無関係に見える動きには、ある時代的背景があり、その時代が作り出す社会的雰囲気があるのであろう。沖大や高文研のセミナーと基地・戦跡案内人養成講座は、講師も参加者も重なり合っていた。その参加者たちの間から、「沖縄平和ガイドの会」(現在の「沖縄平和ネットワーク」)が生まれた。

当時沖大では、四月採用の新任教員には、沖縄セミナーに参加し、その印象記を大学広報に寄稿してもらうことを半ば義務づけていた。大学の教員は、現在では多少変わってきているかもしれないが、自らを教員というよりも、研究者として意識しがちである。そのため教育活動を通して地域社会に貢献するよりも、研究業績を学会で評価してもらうことを優先しがちになる。しかし、どんなに優秀な研究者でも、専門分野に閉じこもり、地域社会の特性やその社会的特性を踏まえた沖縄大学のあり方に強い関心を持っていなければ、教員としては役に立たない。沖縄セミナー参加は、沖縄を知り、沖大を知るもっとも手っ取り早い方法であった。

八七年度からは、正規の授業として単位化もした。それまでにも、単位とはかかわりなく参加する学生はいたが、単位化は、学生のより積極的参加を促す結果となった。基地・戦跡めぐりのバスは五台にもなった。だが、セミナーの大教室化は、小回りの効く効果的なセミナー運営を困難にする要因にもなった。

九〇年七月、予定通り第一〇回で沖縄セミナーは終了した。このころ、沖縄を修学旅行先に選ぶ高校は、約六百校になっていた。琉球新報は、「現在のような修学旅行増大の背景には、某私立大学の沖縄セミナーなども貢献している」といった趣旨のことを書いていた。沖縄セミナーがそれを意図していたわけではないが、結果的にはそのような効果があったかもしれない。

九二年になると、東京都を皮切りに公立高校の修学旅行に航空機利用が認められるようになった。九三年、高文研は、沖縄平和ネットワークと組んで、「沖縄〈戦跡・基地〉ツアー」を再開した。高校教師を主体に、毎年、数十人の参加者がいるという。九〇年代後半になると、那覇市などの自治体が、平和ガイド養成講座などを開くようにもなった。日本修学旅行協会の調べによると、九五年度の高校生の旅行先人気ランキング一位は京都で、沖縄と広島は一〇位だったが、〇五年度は、沖縄が第一位になっている。ただし、〇一年度後半は、修学旅行の予約キャンセルが、なだれ現象を起こしている。いわゆる九・一一同時多発テロによって、沖縄に集中する米軍基地の存在がクローズアップされた結果である。沖縄がいまなお、このような不安定な状態に置かれ続けていることを見落としてはなるまい。

八〇年代中期にはじめられた夏季集中講義の一つに「ジャーナリズム講座」がある。八五年に行われた共同通信論説委員高橋実の集中講義を受講していた学生が、共同通信社が大阪で行っている「ジャーナリズム講座」への参加の仕方について質問したのがきっかけで、翌八六年から始まった。地元紙やテレビ、ラジオ、出版関係者の協力を得て、作文指導を含む講座は、九七年まで続けられた。〇四年からは、琉球新報社の寄附講座「新聞を読む」が、これに代わっている。

1988年の就職ガイダンス。

✴就職率トップの沖縄大学

沖縄返還後、沖縄は、失業率、とりわけ若年者の失業率が最も高い地域として知られている。その引き金になったのは、七〇年代初期の基地労働者の大量解雇だと思われるが、全国平均の二倍を超える失業率の高さは、現在に至るまで、一貫して変わらない。七〇年代中ごろ、国立琉球大学に赴任して来た教員が、のちに卒業生の就職率の低さと、それをほとんど問題視していない学生の態度に衝撃を受けたと回顧している（『琉球新報』二〇〇三年三月二八日）。そうした状態は、ほかの大学も変わらなかった。

それどころか、「大学は就職予備校ではない」、「自立した人間の養成こそが大学の任務」といった主張も根強い時代だった。それは正しい主張ではあったが、観念論的側面も強かった。こうした主張が姿を消すのは、バブル崩壊による若者たちの就業構造の変化や大学全入時代の到来が叫ばれ始めた九〇年代に入ってからのことである。

いずれにせよ、地域に根ざす大学としての理念を掲げ、沖縄社会の現実を直視したとき、新生沖縄大学にとって、就職指導、すなわち、卒業生を、それぞれの適性に合った地域社会の担い手として送り出すことは、避けることのできない課題であった。沖縄大学は、その課題に取り組み、そして成功した。「県下随一の高い就職率を誇る沖縄大学」が、大学のもう一つの顔となった。すでに、八一年五月一五日付の『沖縄大学広報』（第一一号）には、「県下五大学中　三年連続トップの就職率」という記事がある。

八〇年代を通して、沖縄大学の応募者、入学者は、順調に増加していった。それはさまざまな要因の相乗効果の結果であった。一八歳人口の増加も追い風になったであろう。入試改革をはじめとする教育改革、単位互換制度の全面活用、土曜教養講座・移動市民大学・夏季セミナーなど、積極的な学外活動の展開、そして就職率の高さまでが、複合的に織り成されて大学のイメージを作り上げていった結果であった。だが、八〇年代の沖大における教育実践は、他の大学ではできないようなことをやったというわけではなかった。ほかで気づかなかった、あるいは見落としていた、または棚上げしていた課題に全力で取り組んだというに過ぎない。その意味では、いわば「コロンブスの卵」のようなものでもあった。九〇年代になると、単位互換も、就職指導も、より恵まれた条件の下にある多くの大学で、当たり前のように取り組まれるようになってくる。そうした状況の中でどのような特色を示しうるかが、沖大の次の課題になった。

3　「マッチ箱三つの大学」からの脱皮と飛躍

✴入学生の増加と一号館の建設

新生沖縄大学は、存立理念の明確化と、それに基づく教育実践、その積極的なＰＲ・広報活動によって、着実に成果を挙げ始めていた。それは入学生数にも表れた。七九年四月の新入生が、三七三名だったのに対し、五年後の八三年はその二倍を越える七八一名、翌八四年には、八三四名に達していた。こうなると今度は、施設設備の整備が必要になってくる。

沖縄大学の施設設備は、六〇年代の前半から約二〇年間、ほとんど同じ状態だった。当時の学生は、四階建ての三つのビルからなる狭いキャンパスを、「マッチ箱三つの大学」となかば自嘲的に呼んでいた。沖縄大学が沖縄言語教育センターと組んで、現場教師を主な対象に「国語教育シンポジウム」や「国語教師のための言語教育・文学教育基礎講座」（週一回二年コース）を展開していた改革初期のころ、これを中心的に支えていた津波古敏子教授は、退任の際、次のようなことを書いている。

「移転問題で沖大が存亡の危機に直面していたころ、入試改革、大学の地域への開放などの理念に共感して就任。びっくりしたのは構内に汲み取り式のトイレがたった一ヶ所だけ。老朽化した施設、体育館もない、給料も順調に出ない。ないないづくしの大学にあるのは教育への情熱だけ。」（『沖縄大学広報』二〇〇四年四月）。

彼女は、県立高校の教諭をしていたこともあるから、沖縄大学の施設は、当時の公立高校にもはるかに及ばなかったのだろう。確かに、大学ビルと呼ぶ教室棟や学生会館には便所もなく、図書館を兼ねる本館に隣接して、二階建ての便所があり、その屋上のプレハブには、学生たちが、八重山芸能クラブ、囲碁クラブ、社会科学研究会などの看板をかけて、それぞれの根城にしていた。

六〇年代には、一、二部合わせてではあるが、二千人をはるかに越える学生が、マッチ箱三つの大学で学んでいた。それが可能だったのは、当時のカリキュラムがほとんど必修科目で編成されており、ゼミの人数なども かなり多かったからであろう。だが、少人数の四年間一貫ゼミナール体制や沖縄関係科目をはじめとする選択科目の充実を目指すとなれば、どうしても新しい建物が必要になる。だが、財政的には、なお多くの問題を残していた。

学生は大幅に増え、授業料の段階的値上げも行い、授業料収入は増えていたが、その水準は国立大学以下で、累積債務の支払い（それは私学助成補助受給の前提条件でもあった）等もあって、この時期もまだ、教職員の給与支給等は、あるべき姿に回復してはいなかった。教職員の処遇は「国・

県並み」というのが、沖縄返還時の労使の合意事項であった。たとえば給与は、国や県に準じる査定等が行われ、教員は、国家公務員研究職給与表、職員は沖縄県の職員給与表が適用されることになっていた。だが、新校舎建設の必要性が認識され始めた八三年度における教職員の給与ベースは、公務員の七七年ベースであった。ようやく一ヶ月分（一〇割）のボーナスが支給されたのは、翌八四年のことである。当然、施設はプレハブ等で応急対応して、まず教職員の生活の基礎である給与改善を優先すべきだ、という主張が教授会の一部にはあった。しかし、圧倒的な学内世論は、本格的な校舎建設を支持した。多くの教職員が、大学の将来に明るい展望を見ることができるという実感を持ち始めていたからである。

こうして、八五年二月、後に一号館と呼ばれる、地上五階、地下一階、延べ面積二、三六四平方メートル、大教室一、中教室四、研究室二二、教員控室一、ゼミ専用施設二、などからなる新校舎が完成した。総事業費約二億一千万円、うち約一億五千万円は私学振興財団（現日本私立学校振興・共済事業団）からの借り入れ、ほかに沖縄県から一千万円、那覇市から一千五百万円の補助があった。財政的制約の中で、何が優先的に新校舎に盛り込まれるべきかについては、着工までにほぼ一年、教員と職員の拡大建設委員会（拡大というのは、委員以外の教職員も自由に出席して意見がいえるという意味、このころから現在まで、広範囲な意見集約の場として沖大で多用されている方式）や学長以下執行部と学生の話し合い等が設計士（真喜志好一）を交えて、繰り返し行われた。

セメント、鉄筋など建設資材の県産品優先使用、土曜教養講座など市民に開かれた多目的ホール

1985年２月７日、ついに地下１階、地上５階の１号館が竣工した。最上階の250人収容の大教室は、土曜教養講座の会場としても活用された。

を兼用する二五〇人収容の大教室以外は、冷房を使わない等の方針も決まった。同じころ、逆格差論を打ち出していた名護市でも、自然の風をできるだけ取り入れて、冷房を使わない新市庁舎の建設が試みられていた。このころは、沖縄のあちこちに、まだ〝貧者の志〟が息づいていた。沖大の現状では、五階建ての建物にエレベーターは身分不相応ではないか、という議論もあったが、身障者への配慮が優先した。だから今でも、一号館のエレベーターのところには、「このエレベーターは身障者等優先です。健常者は階段をご利用ください。」という掲示が残っている（二号館や三号館のエレベーターにはない）。

新校舎着工を告げる八四年七月の『沖縄大学広報』には、次のような文章がある。

「これまでのわが大学には、教員の研究室が事実上存在しませんでした。したがって専任の先生方も大学で研究活動をすることはできず、講義や教授会、各種委員会があるときだけ大学に出てくるという非常勤講師とさして違わない勤務状態を余儀なくされてきました。しかし研究室ができれば、当然講義の質も高まるでしょうし、質問を持った学生諸君が気軽に先生方の研究室を訪ねて指導を受けることもできるようになります。また、十四、五人のゼミは、研究室で実施できるようになります。研究室の整備は、先生方の研究条件を良くするだけでなく、学生諸君の勉学条件をよくすることにもなるのです。さらに研究室は、入学試験の面接室にも使えますから、事務職員の試験場作りの手間もはぶけます。」

当時、沖大には、研究室を自分の居室や書斎と勘違いする教員は、一人もいなかった。全教員の在室状況は、常に教務課の電光掲示板で掌握でき、学生サービスに役立てることができた。その後も沖大は、隣接地を買収しながら、少しずつ敷地を拡大し、二号館の建設、三号館の建設と施設設備の拡充を進めていく。

✶二号館の建設と地域研究所の発足

八六年四月、新崎学長の二期目の学長就任に際して、学長の諮問機関として沖縄大学中期計画策定検討委員会（中計委）が設置された。諮問事項は、①学部・学科編成のあり方、②教室・図書館など研究・教育環境のあり方、③安定した財政基盤をも確保しうる沖大の規模（学生数・教職員数・事務局体制など）、④以上の事項を踏まえた学費水準、⑤その他、となっていた。がむしゃらに現状

1号館竣工から約4年、89年11月、2号館が完成した。

打開のための実践を積み重ねてきた段階から、多少のゆとりをもって、過去を振り返り将来を展望するゆとりが出た段階に到達したということでもあった。委員は、教員八名、事務職員七名、教務部長、学生部長、図書館長の計一八名。理事長、学長、教育改革委員会や図書館運営委員会などの委員は、オブザーバーとして位置づけられた。中計委は、約一年半にわたる精力的な審議の結果、図書館棟の建設、研究所の設立等七つの答申を出している。

創立三〇周年事業の一つと位置づけられた二号館建設も中計委の答申によるものである。答申を受けて建設委員会が発足したのは、八七年一〇月、着工は八九年二月、竣工は同年一一月である。懸案の図書館棟を含む六階建て、七二八二平方メートルの建物である。二号館までは、基本的に冷房なしの運用を考えており、天井の扇風機や教室と

1988年６月、地域研究所が開設された。初代所長は宇井純教授（写真中央）。

廊下を隔てる窓のルーバーがその名残をとどめている。二号館には、汚水処理が専門の宇井教授の設計になる浄化槽や処理水・雨水利用の中水施設が設けられた。

中計委の答申を受けて、三〇周年事業の一環として設立された地域研究所のスペースも二号館に組み込まれた。

新生沖縄大学は、何よりも教育活動を優先してきた。しかし、研究活動に裏打ちされていなければ、良質な教育活動は展開できない。したがって、早くから文部（科学）省の科学研究費補助金（科研費）の申請等、外部資金の導入を奨励してきた。現在でも、科研費採択率は、同規模の大学の中では上位に位置しているはずである。あわせて、「地域に根ざす」大学としては、小さくとも、地域の抱える問題を、大学内外の専門分野をことにする研究者の共同研究によって解明していく場を芽出ししておきたい。こうして、大学が立地している地域のまちづくりから、基地問題、独自性を持つ琉球弧の文化や歴史、それを取り巻くアジア・太平洋地域までを対象とする地域研究所が発足した。

なお、一三〇ページの「離島僻地・マイノリティー出身者対象奨学金制度」も、創立三〇周年事業の一環として位置づけられている。

✶自主管理体制が可能にした大学再建

一九八九年度には、教職員の給与も目標とした「国県並み」をクリアーした。この段階で、大学再建の時代は終わり、大学は新しい時代へと入ることになった。大学再建を可能にしたのは、圧倒的多数の教職員一人ひとりが、積極的にせよ、消極的にせよ、また、明示的にせよ、黙示的にせよ、自らが大学を支えているという自覚を持っていたからであった。いわば、自主管理の精神が、地下水脈として維持されていたからであった。

もとよりこの自主管理は、六〇年代の民主化闘争時に見られた、現行制度の枠をも踏み越え、教職員と学生が一体となって大学運営を試みた文字通りの自主管理とは、様相を異にしていた。いってみれば、理事会が学園を運営するのではなく、学園が理事会を管理していたのである。学長、副学長、校長、教頭、教授会選出理事等の学内理事が組織運営の責任を負い、借入金の連帯保証人にもなり、労組との団交の前面にも立った。学外からの協力者である理事には、こうした責任は一切及ぼさないような体制がとられていた。この状態は、八五年四月、島尻校長・理事長が退任し、新垣淑哲ラジオ沖縄社長が理事長に就任した後も変わらなかった。

沖縄ビル管理㈱のオーナーである新垣淑哲は、倒産寸前のラジオ沖縄を再建したことで知られており、八三年一二月、理事に招かれ、八四年四月副理事長になっていた。新垣理事長は、副理事長当時から、建設事業や土地買収のノウハウを持たない大学スタッフをリードしながら実務を取り仕切り、消滅していた大学後援会を再建するなどの実績を挙げたが、大学運営に関しては、原則として、助言者の位置にとどまっていた。

大学運営の担い手は、教員と職員である（大学の構成員としては最も多数を占め、最も重要な存在である学生の組織運営への主体的参加も促されなければならないが、共に大学を創るといっても、教職員はサービスの提供者であり、学生は受け手という関係にある。また、短期間で入れ替わってゆく学生に組織運営の恒常的な責任を負わすわけにはいかないだろう）。教員と職員の関係についても、表裏一体の関係にあり、平等な権利を持ち、同等な義務と責任を負う、と言うのは容易である。だがそれを実現するのは、容易なことではない。

八〇年代を通して、とくに安良城学長退陣以来、大学運営は、自力更生を標榜し、自主管理を強調しながら進められた。中期計画策定委員会、その結果を受けた建設委員会、毎年度の予算編成方針を決める予算委員会などはすべて、各部署を代表する教員、職員合同で組織された。そこにおける論議の結果が、理事会の承認を受けて実施された。全国的にもあまり例を見ない（しかし、沖大が唯一ではないはずの）専任教職員全員が選挙権を持つ学長選挙、同一人物が連続二期六年以上は学長になれない仕組み等は、すべて八〇年代の組織運営の民主化を模索する過程における産物である。また、学長選出や重要な組織決定に必要な情報の共有化や、全学横断的な意見交換の場として、全学教職員による討論集会等もしばしば行われた。それは執行部の考え方を全学的に浸透させる場としては一定程度機能したが、限られた時間で、多様な意見を集約するには不十分だったし、こうした場を恒常化、定例化するのも困難であった。その意味では、自主管理体制を目指したとは言えても、それを確立したとはいえないし、それが可能であるか否かも、なお断定できないところを残しながら、沖大再建の時代は終わるのである。

✴高校分離と学園名称問題

一方、沖縄高校の方は、一九七九年以降、志願者が定員の三分の一にも達しない状況が続き、学校の存続自体が危ぶまれていた。八一年四月には、那覇市との提携による風しん児学級*の設置等も試みたことがあるが、高校スタッフの高校再建のイメージは進学校であった。だが、沖縄高校には、その実績もノウハウもなかった。結局、当時学園の評議員であった名城政次郎尚学院院長を副校長に招き、八三年四月から沖縄尚学高校と校名も変更し、尚学院の実績とイメージに頼って進学校への脱皮を図った。八五年四月、名城副校長が高校長となって采配をふるい、八六年四月には、付属中学校を設置して、六ヶ年一貫教育の進学校を目指すことになった。

＊風しん児学級＝アメリカで風疹が大流行した翌年、一九六五年春、沖縄でも風疹が大流行し、風疹にかかった母親から、多くの聴覚障害児が生まれた。学齢に達した彼らは、各地の公立小学校の「風疹難聴学級」で教育を受け、中学は、県立ろう学校と、那覇市立神原中学難聴学級に進学した。そのうち普通高校へ進学を希望する三六名を、那覇市の財政支援を受けつつ沖縄高校が受け入れた。さらにそのうち四名が沖縄大学を卒業している。

旧沖縄高校が、大学への依存傾向が強かったのに対し、名城校長は、当初から、高校の分離独立を目指していた。それは、大学側にとっても、歓迎すべきことであった。かくして、八九年七月、新垣理事長の下に大学側の理事三名、高校側の理事三名による分離問題協議会が設置され、同年一一月、『学校法人嘉数学園沖縄大学・沖縄尚学高校、同付属中学の分離（新法人設立）の意義とその理由』という文書をまとめた。

この文書は、沖縄大学の「地域に根ざし、地域に学び、地域と共に生きる、開かれた大学」づくりという理念と、沖縄尚学中高校の本土有名難関大学を目指す「たくましい進学校」という理念は、相容れないものとなってきており、双方それぞれが確立した建学の精神と実態に即して分離独立し、広く県民のニーズと期待に応えたいとして、「新法人『尚学学園』（仮称）を……設立申請し、また、沖縄大学は法人名称を『学校法人沖縄大学』（仮称）と変更する手続きを同時に所轄庁に申請する」としている。

大学と高校が、自ら選択し、確立した理念の下に、分離独立して、名実共に新しい途へ踏み出そうということの方針に対しては、理事全員（八九年一一月二三日第四六五回理事会）、評議員会全員（八九年一二月一六日第一二一回評議員会）が賛同した。評議員会では、創設者嘉数昇の顕彰碑の建立等顕彰事業についても話し合われ、名城校長からは、遺族を代表する立場の昇の長男・嘉数昇明を新法人の理事に参加させたいという意向が示された。理事会や評議員会における論議の経緯は教授会にも伝えられ、その賛同を得ていた。事務職にも異論はなかった。学校法人嘉数学園はじまって以来の、大学、高校合わせた全学園一致の選択であった。にもかかわらず、学園分離は実現したものの学校法人の名称変更は、嘉数昇の遺族の反対によって頓挫した。

学園名称の変更問題は、六六年の民主化闘争以来、何度も浮上した問題であった。新生沖縄大学構想を提起した安良城盛昭学長・理事長も、「赤字と内紛の嘉数学園というマイナスのイメージを払拭するためには学園名の変更が必要」として、（高校を含めて）沖縄学園としたらどうかという私案を記者会見で語ったこともあったが、直面する緊急課題の解決に追われて名称問題は検討されずに先送りされた。安良城退陣後、大学側は二度にわたって（一度目は新崎副学長と狩俣真彦図書館長、二度目は新垣淑哲副理事長と新崎学長）は、嘉数昇明に対し、理事として学園運営に協力する意思はないかという意向打診を行ったが、断られている。膨大な累積赤字を抱え、世間からは学園の存立さえ危ぶまれていた当時の状況からすれば当然の対応であったろう。安良城退陣後の大学運営で、ことさら自主管理・自力更生が強調された背景には、こうした事情もあった。新垣理事長や新崎学長は、大学の理念や教育機関の公共性という点からして、地元那覇市との協力関係を強め、将来的選択としては、むしろ那覇市立大学を目指すほうが望ましいのではないか、とも考えていた。

このような経緯を踏まえれば、全学園の関係者が、大学と高校それぞれ自らの打ち立てた建学理念を掲げ、分離独立するのをきっかけに、両者の創設者・嘉数昇を顕彰するとともに名実共に新たなる第一歩を踏み出そうとしたのは当然であった。しかし、名称変更問題が難航したため、九一年一月二二日、理事会は、新垣理事長、佐久川政一学長、名城校長の検討結果を踏まえて、「分離を先に進め、名称変更・その他寄付行為の各条項の変更については、引き続き存続法人で進めていくという方針」を決定せざるを得なかった。この決定について、後日、新垣理事長は教授会のコメントを求め、教授会は、この決定をきわめて遺憾とする見解を表明している(一九九一年八月二日)。

また、大学・高校分離に際して、大学図書館建設予定地に建てられた高校体育館は、大学側が二億四百万円で買い取ることになった。さらに高校の全教職員は、嘉数学園を退職するという形式をとったため、退職金財団から数億円が支払われ、高校の人件費負担は著しく軽減されたが、逆に、その補填のために大学法人(嘉数学園)は、高率の掛け金を支払わざるを得なくなった。しかし、高校の自立なくしては大学の将来展望が開けなかったことを考えれば、これらの財政負担はやむを得ざるものであったといえよう。

V

今も続く模索と挑戦

エコ・キャンパス宣言のリーフレット（二〇〇一年一〇月）

1　魅力ある学部・学科づくりをめざして

大学再建の時代をへて一九九〇年代に入ると、新たな課題に向けての学部学科再編の模索がはじまった。

まず九四年四月に、国際化に対応して留学生別科を設置した。沖縄は中国や東南アジア諸国との長い交流の歴史をもつが、沖縄大学でもこれまで台湾を中心に多くの留学生を受け入れてきた。その後、中国その他のアジア諸国からの留学生も増える傾向にあり、日本語教育の充実を図っていく必要があったからである。

そして九六年一二月、法経学部の法学科と経済学科を統合した法経学科への改組転換が認可され、九七年四月、法経学部法経学科を開設した。つづいて九八年一二月には、短大部の改組による人文学部国際コミュニケーション学科と福祉文化学科が設置認可され、九九年四月の人文学部国際コミュニケーション学科・福祉文化学科の開設に備えて、三月には三号館が竣工した。

また〇五年四月には、変貌する地域社会の人材育成ニーズと研究ニーズに応えるため、大学院現代沖縄研究科（修士課程）を開設した。また大学設置基準の弾力的運用を受けて、数年にわたって学部学科間の入学定員変更の届出など微調整を行うとともに、〇七年にはこども文化学科を新設した。

✴改編を迫られた背景

九〇年代は、全国の大学が魅力ある新しい学部・学科づくりをめざして一斉に動き出した時期である。というのも、九二年の二〇五万人をピークとして一八歳人口が長期的に減少していくという局面を迎えていたからである。そのため、多くの大学で、新学部・学科の設置、短期大学の四年制大学化、既設学部の改組転換が相次いだ。

よく知られているように、大学設置基準は、経営的観点のみから見れば、いわゆるスケールメリットがはたらく。たとえば、入学定員一〇〇名の学科に一〇名の教員が必要とされるからといって、定員が二倍になれば教員も二倍必要とされるわけではない。法学あるいは経済学関係の学部でいえば、収容定員が四〇〇―八〇〇名（入学定員一〇〇―二〇〇名）の場合、一四名の教員が必要とされる。収容定員がこれを超える場合は、その超える収容定員に応じて四〇〇名につき教員三名を増加すればよい。したがって収容定員が一六〇〇名だと、六名増やすだけでよい。つまり二〇名である。逆に教員一人あたりの学生数は、定員四〇〇名の場合は二九名で、定員一六〇〇名の場合は八〇名と三倍近くにもなる。

八〇年代の一八歳人口の急増期には、国（文部省や私学振興財団）は、定員を上回る学生の受け入れをある程度容認してきた。ほとんどの私立大学で定員を上回る学生を受け入れてきたし、それによって、とりわけスケールメリットのはたらく大規模大学は、財政的に潤っていた。沖縄大学もまた、入学定員を超えて学生を受け入れることによって、やっと収支のバランスをとってきたという面があった。

しかし、一八歳人口の減少傾向の進行とともに、国は補助金支給限度の入学定員超過率を一九九二年の一・八倍から毎年〇・一ポイントずつ下げるなど、定員を超える学生受け入れ抑制策をとるようになった。そのまま推移すれば、法経学部一部、二部の収容定員八〇〇（入学定員二〇〇）名、短期大学英語科一部、二部の収容定員四〇〇（入学定員二〇〇）名という沖縄大学の規模では、近い将来、沖縄の経済水準を無視した学費値上げでもしない限り、収支バランスが崩れ、ひいては教学維持が困難になることも予測された。

そこで九三年、佐久川政一学長のもとで改組転換を目指し、全学的な新学部・学科設置の検討を開始したのである。そして約一年間の議論の中で一応の集約を見たのが、短大部を含めた全学の学部・学科組織を一つの学部、すなわち「社会科学部」（一部・二部）にするという案であった。だが、設置経費や教員数の確保が困難だったこともあり、具体的に認可申請する段階に至らないうちに学長交代の時期を迎えた。

✶法学と経済学を統合した法経学部の新設

翌九五年、狩俣真彦学長のもとで、ふたたび改組転換の可能性についての検討を開始した。具体的に提示された案は、法経学部（法学科、経済学科）の全面的な改組転換をした後に短大部を四年制大学化するという二段階に分けたものであった。しかし、先にふれた文部省の大学設置基準上での必要専任教員数の問題と、設置経費の捻出をどうするかという問題を積み残したままであった。一年間にわたる教授会での検討と文部省とのたび重なる事前相談を経て、一九九六年四月末に、設置経費を必要としない、また教員審査の簡略化による一年審査の改組による法経学部法経学科の設置を文部省に申請することになった。

教授会では、法学科と経済学科を統合して法経学科にするというのは縮小再生産ではないか、法学と経済学を一緒にすることは無理があるのではないかなど、学内をほぼ二分するほどの激しい議論もあったが、最終的には法学、経済学という専門の枠を取り払って、これらを統合した学科を設置することに意見が一致した。

新しい法経学科は、「地域に根ざし、地域に学び、地域と共に生きる、開かれた大学」という大学の理念を踏まえ、統合した教育を通じて地域社会の現実を解明し得る、地域づくり、地域の活性化に貢献する人材の育成を目標とした。

カリキュラム体系は、コミュニケーション・リテラシー（日本語、外国語、情報処理）、基礎科目（共通科目）、基幹科目、主要科目、テーマ科目、沖縄関連科目および健康関連科目からなり、基本的な日本語・外国語・情報処理能力を前提にして、一年次から問題発見力、問題整理力、問題解決力を段階的に身につけていく問題解決型教育を展開していくことにした。

また、基幹科目の「自治体学入門」、「沖縄経済・企業論入門」と連動して、「自治体実習」「企業実習」「ボランティア体験」などインターンシップを導入するとともに、四年間一貫ゼミナール体制は、一年次の「問題発見演習」、二年次の「基礎演習」、三、四年次の「テーマ演習」に再編した。

法経学科は「チャンプルー学科」と呼ばれることもあるが、入試の面接などでは、「法律も経済も学べるから志望した」と答える受験生が意外と多いのも事実である。

九七年四月にスタートした法経学部法経学科はつぎのような利点と問題点をもっていた。

（1）設置基準上の「専門の教員数」と「収容定員全体に係る教員数」

《改組前》

	専門〈一部〉	専門〈二部〉	全体	計
法学科	一二人	四人		一六人
経済学科	一二人	四人		一六人
計	二四人	八人	一二人	四四人

《改組後》

	専門〈一部〉	専門〈二部〉	全体	計
法経学科	一四人	五人	一二人	三一人

このように、改組転換によって必要とされる教員数は大幅に「節約」されることになった。

（2）七四年に再認可されたときは、法経学部法学科、経済学科という一学部二学科だったが、文部省からは二学部二学科の教員数を要求されていた。つまり専門の教員数は、先に述べたように大学設置基準で法学科一六人、経済学科一六人、計三二人と定められている。しかし改組後の法経学部法経学科は一九人でよいことになった。ただし認可申請は現員の二四人で行った。

（3）学生数は、入学定員が一〇〇人、収容定員が四〇〇人のままで従来の法経学部と全く変わらなかったが、設置基準上の専任教員数が現状の教員数で認可されたのは大きな利点であった。

✴人文学部の設置と学生定員の一挙拡大

法経学部の改組と並行して進められたのが、当時の短期大学部英語科を四年制にして新しい学部を設置するという作業であった。改組転換対策室が九六年の後半に設置され、どのような学部・学科をつくるかという議論がなされた。その結果、学部・学科およびその教育課程を検討する部会において、人文学部案（国際コミュニケーション学科と社会福祉系の学科からなる二学科構成）で構想が固まった。

さっそく九七年五月に、文部省との第一回の事前相談が行われ、その時点で学部、学科の構成と入学定員の設定については基本的な了解を得ることができた。当時は、「平成五（一九九三）年度以降の大学設置に関する審査の取り扱い方針」のもとに、大学および学部・学科の新設や収容定員増が厳しく抑制され、わずかに①夜間教育、②留学生の積極的受け入れ、③情報、社会福祉、医療技術、先端科学技術等の学科の新設だけが抑制の例外となっていた。そこで、人文学部には、①第一部国際コミュニケーション学科における入学定員一五名という枠を設けた留学生の受け入れ、②第二部（夜間）の設置、③抑制の例外である社会福祉の学科の設置を行った。

先行した法経学部の改組が定員増を伴わないものであったため、新学部の設置に関しては、短大の英語科を改組した国際コミュニケーション学科のほかに、福祉文化学科を加え、収容定員四〇〇名から一五二〇人へと定員増を図ったのである。

改組転換後の学部・学科の構成は以下のようになった。

【法経学部】

学　科	入学定員	収容定員
第一部法経学科	一〇〇	四〇〇
第二部法経学科	一〇〇	四〇〇
小計	二〇〇	八〇〇

【人文学部】

第一部国際コミュニケーション学科	一五〇	六〇〇
第二部国際コミュニケーション学科	一〇〇	四〇〇
第一部福祉文化学科	八〇	三二〇

第二部福祉文化学科	五〇	二〇〇
小計	三八〇	一五二〇
総計	五八〇	二三二〇

このように、短大の収容定員四〇〇人からほぼ四倍の一五二〇人となる人文学部の設置経費（新校舎建設および新グラウンドの整備、機器備品、図書等）は約一〇億円だった。

新校舎（三号館）も雨水や汚水処理水利用を継承するとともに、福祉文化学科開設ということもあって、当時の沖縄では珍しかった本格的なユニバーサルデザインの建物にした。その後、一号館、二号館の改修工事も進め、雨にぬれることもなく、車椅子で一号館から三号館まで移動できるようにした。

この資金の捻出には、大学が所有していた西原グラウンドを売却し、代わりに南風原《はえばる》町新川に新たにグラウンド用地を購入し、その差益を当てた。このような人文学部の設置構想は、七月初旬に行われた第二回目の事前相談で文部省から基本的な了解を得て、九月末、新学部の申請書類を提出するに至った。

✴一部（昼間）、二部（夜間）統合とこども文化学科の設置

人文学部が開設され、大学全体として大幅な定員増が実現したものの、とくに第二部国際コミュニケーション学科は、大幅な定員割れ状態が続いた。これは、一挙に定員増を図ったこともあるが、二部（夜間）の性格が大きく変わりつつあることもあった。

二部、とくに沖縄大学の二部は、勤労学生・社会人学生の学びの場として大きな役割を果たしてきた。しかし沖縄でも、日本復帰後、各種の職場で大学卒業者の比率が大幅に増加するに伴って、いわゆる勤労学生は急速に減少しつつあった。このため沖縄大学でも、本来は一部志望だったが、不合格になったので第二志望の二部に入学するという学生の比率が増えつつあった。一部の定員超過、二部の定員割れがこの第二志望によってバランスされるという状態が恒常化しつつあったのである。

その後、文部科学省（旧文部省）の規制緩和によって、二部の定員を一部に移せるようになったことから、〇四年には、第二部国際コミュニケーション学科の定員一〇〇人のうち五〇人を志願者の多かった第一部法経学部法経学科に振り替えた。さらに〇六年には、第二部法経学科の定員一〇〇人のうち二〇人を第一部法経学科に移した。また志願者が伸び悩んでいた第一部国際コミュニケーション学科の入学定員一五〇人を一二〇人に削減し、削減した三〇人を編入定員枠とし、各学科に編入学定員を設定することにした。

こうした経過を経て、〇七年からは全学部・学科で、二部の学生募集を停止するという形式で一、二部統合に踏み切った。ただし、七校時制（九時から二一時四〇分まで）は従来どおり維持し、夜間

2007年度に開設された「こども文化学科」の授業

の時間帯での講義を継続することにしたが、六、七校時（従来の二部の授業時間）で、卒業可能なカリキュラム編成ができなければ、少数とはいえ今なお存在する勤労学生（それは必ずしも公務員や正社員とは限らない）から学びの場を奪うことにもなりかねないという課題も残している。

このほか、いま小学校教育が抱えるさまざまな問題に的確に対処し得る優れた教員を養成することを目的として、第二部国際コミュニケーション学科の定員を活用して、こども文化学科（入学定員五〇名、小学校教員一種免許取得可能）を新設した。小学校教員養成は、開学まもない五九年に当時の琉球政府の要請により沖縄短期大学に初等教育科を設置したことがある（I章参照）が、それ以来のことである。

さらに夜間の時間帯を活用して、社会人の「学び直し」という地域の新たな教育ニーズに応える実践的なプログラムを開発して実施することにし、具体的には大学が県都・那覇市にあるという条件を生かして、夜間の時間帯の活用を図っていく趣旨で、オープン教育センター準備室の設置も検討している。

＊一・二部統合後の法経学科と福祉文化学科

入学定員が大幅に増えて二五〇人となった法経学科では、二〇〇七年度から法律専攻コース、経済経営専攻コースの二コースの専攻制を導入した。

ところで福祉文化学科は、当初予想もしなかった状況に直面した。開設当時は、沖縄にはこのような学科は存在せず、また社会福祉士の数も全国的に見ればきわめて少ないという状況だったし、高齢化社会の到来という社会的背景のなかで地域社会からの期待も大きく、応募者も多かった。しかし近年の社会保障関係費の節減傾向、そのもとでの在宅福祉サービス提供機関および福祉施設等の経営難、それに伴う劣悪な労働条件（臨時採用・低賃金・過重労働等）といった問題がクローズアップされ、若者から見る福祉現場が三K（危険・きたない・きつい）職域として認識されるようになってきている。これは福祉文化学科にとって深刻な問題であり、地域に根ざす大学としても若者が夢を持てる職場の実現に向け、真剣に取り組まなくてはならない課題である。

一方、この沖縄大学の福祉文化学科は、多くの人々に「社会福祉士国家試験受験資格」しか取得できない学科として認識されがちであったという事情もあったので、「見えやすい・わかりやすい」

福祉文化学科とするため、社会福祉士および精神保健福祉士のみならず健康・スポーツ・レクリエーション関連の専門資格も複合的に取得できるように、三コース制（社会福祉コース、精神保健福祉コース、スポーツ福祉コース）を導入し、地域ならびに学生の多様な教育・学習ニーズに対応することにした。

✴大学院現代沖縄研究科の開設

従来から、大学院をもっている大学は、大学院のない大学よりステイタスが高いかのような認識が一般的であった。したがって、無理をしても大学院を設置しようとする傾向が見られたが、大学院は、院生と教員の比率等からいっても、とくに小規模な私立大学にとっては経営的に不採算部門であった。そのため、大学院を設置しても、大学院に専任教員を置くことは難しく、学部の教員が兼任する場合が少なくなかった。その結果、学部の教育がおろそかになる傾向も見られた。こうしたこともあって沖縄大学では学部重視の立場から、大学院設置には消極的であった。

しかし一方、最近の社会情勢の変化の中で、大学院は、従来の若手研究者養成機関から、社会人の再教育の場へと変質し始めている傾向も見られる。講義時間も、従来の学部二部の時間帯と重なる部分が多い。このような社会的ニーズの変化の中で、地域に根ざす大学として地域の自然・歴史・社会・文化の深い理解の上に、地域を活性化し、地域の未来を切り拓く人材を養成するという沖縄大学の理念に照らしても、大学院開設の方向へ方針転換をすべきだということになった。

こうして、〇五年四月、変貌する地域社会の人材育成ニーズと研究ニーズに応えるため、大学院現代沖縄研究科（修士課程）を開設することになった。そこでは大学院での教員と学生による研究活動が学部教育の充実にもつながることが期待された。

現代沖縄研究科には、地域経営専攻と沖縄・東アジア地域研究専攻という二つの専攻を設けた。地域経営専攻の目指す「地域を経営する」という発想は、地域の経済構造や社会政策の変革に当たっては、中央志向または中央依存から脱却し、地域の歴史や生活様式の特徴に立脚しつつ地域の自立・自律をめざすという理念にもとづくものである。

沖縄の歴史・文化は、中国大陸や東南アジア地域、また朝鮮半島の文化との交流・接触において日本本土とは異なるものを持っている。沖縄・東アジア地域研究専攻では、そのような地域性を生かして、過去の歴史を検証するだけでなく、現在を分析し、未来を展望しながら沖縄、琉球列島の地域性を見極める研究を追求する。

〇五年の初年度は地域経営専攻四名、沖縄・東アジア地域研究専攻六名の計一〇名が入学したが、うち八名は社会人だった。二年後の第一回修了式では、優れた修士論文「近代沖縄における旧慣・内法調査の研究」を提出した平良勝保（五四歳）に対し、「現代沖縄研究奨励賞」及び奨学金百万円が贈られた。この現代沖縄研究奨励賞は新崎盛暉前学長退任の際の寄付金（一千万円）によって創設されたものである。

受賞者の平良勝保は、三〇年前の新生沖縄大学誕生の年に、宮古島から那覇市への転勤希望がかない法経学部法学科に入学した勤労学生である。在学中に勤務先を一年間休職して、派遣学生として法政大学で学んだこともある。卒業後も沖縄史研究を続け、すでに沖縄史研究の空白を埋める幾つかの優れた論文を発表していたが、さらに研究を深めようとして現代沖縄研究科に入学した。現代沖縄研究奨励金は、きわめて水準の高い修士論文に、出版助成の意味を込めて贈られるものである。

2　地域の教育ニーズに応えるために

✷自己点検・評価にとりくむ

九四年に留学生別科設置、九七年には法経学部の法学科と経済学科を統合した法経学科への改組、九九年に短期大学部を改組し、人文学部国際コミュニケーション学科と福祉文化学科、さらにマルチメディア教育研究センターを設置するなど、一連の改革を進める中で痛感させられたのは、改組転換に際しての自己点検・評価の不十分さと第三者評価の欠如だった。一八歳人口の減少、さらに長期的に展望される少子化傾向、それに伴う文教政策・大学政策の変化という九〇年代以降の時代の流れに対応しながら改組転換を行ってきたつもりであったが、改革の効果を点検・評価し、そしてそれを改善・発展にむすびつけるという視点が弱かったし、さらに大学全体、各部局の理念・目的が十分に整理され、それが大学の構成員に共有されているとはいえない状態だった。

そこで〇一年に、再び学長に選出された新崎盛暉が委員長となって自己点検運営委員会を組織し、自己点検・評価作業に取り組んだ。一年あまりにわたる作業を経て、自己点検・評価報告書をまとめ、〇二年に財団法人大学基準協会に正会員としての加盟判定審査を申請した。大学基準協会は、戦後間もなく、アメリカの評価認証団体をモデルに設立された自立的な大学団体で、九六年から、各大学が実施する自己点検・評価を基礎とする大学評価を実施している。

大学基準協会への加盟判定審査にはパスし、正会員への加盟・登録が承認された。しかし「加盟判定審査結果」の内容は厳しいものだった。「理念・目的・教育目標」「財政」「学生の受け入れ」「相互評価（ピアレビュー）の早期申請」などについて五点の義務的改善が求められる勧告がなされた。また助言については「長所にかかわるもの」が充実した奨学金制度など四点あったものの、「問題の指摘にかかわるもの」は九点にも及んだ。

✶中長期経営計画の策定

この厳しい加盟審査判定結果を受けて、これを大学の教育研究活動等の改善に役立ててゆくための態勢づくりに取り組むことにした。〇三年一〇月、中長期経営計画委員会を組織し、委員会のもとに財政計画部会、教学計画部会、施設計画部会の三部会を発足させた。この作業は新崎盛暉学長のもとでスタートしたが、〇四年に就任した桜井国俊学長（環境学）へと引き継がれた。

中長期経営計画は以下のような目的で策定された。

「二十一世紀は戦争の世紀として始まり、沖縄はその中に抜き差しならない形で取り込まれつつある。そして足元の地域社会は、いわゆる三位一体改革のもとで急速に行財政が逼迫し、従来の中央志向、官志向ではどうにも立ちゆかないという未曾有の危機に遭遇している。地域に根ざす沖縄大学にいま問われているのは、地域のこうした状況に真正面から立ち向かい、閉そく状況を打破し、明日の沖縄を担う人材を養成し世に送り出すことである。沖縄大学は、この使命を全力をあげて担っていきたい。

そのためには、二つのことが不可欠になる。ひとつは、常に地域のニーズを的確にとらえ、それに応える教育・研究活動、地域貢献活動を真剣に展開することであり、あとひとつにはそれを可能にする経営基盤を確立することである。二〇〇七年に大学全入の時代を迎え、すでに多くの私立大学で定員割れの事態が発生している今日、後者の経営基盤の確立はことのほか重要である。本中長期経営計画は、沖縄大学の経営基盤確立のために策定したものである」（『第一次中長期経営計画書』）。

沖大は〇八年六月一〇日には創立五〇周年を迎えるが、〇七年には〝大学全入時代〟を迎えるなど、大学を取り巻く環境はさらに厳しいものになろうとしていた。そうした中で沖大は、地道な教育研究活動の展開を通じて学生満足度の高い特色ある大学づくりを行い、沖縄社会における存在感を高めて学生・父母・地域社会からの評価を獲得し、地域になくてはならない大学として発展しつつ、五〇周年という節目を迎えたいと願っていた。第一次中長期経営計画は、そうした願いを実現するために策定するものであった。計画の策定にあたっては、以下のような方針を基本とした。

沖縄大学が提供する教育サービスを、地域社会の変化する教育ニーズに合わせて再設計する作業を、継続的に展開する。地域の新たな教育ニーズを他大学に先んじて発掘し、大学の設置基準の弾力化に伴って可能となった二部定員の一部への転用を軸に、学部・学科の改組転換を進める。志願者が激減している二部をどうするかが緊急の課題だったが、この中長期経営計画を出発点として論議を重ね、前節で述べたような二部定員の一部への移動、さらにこども文化学科の新設などが実現した。

また、入学前指導と入学時オリエンテーションの徹底、学生カルテの導入、アドバイザー制の強化、四年間一貫ゼミナール体制の点検と充実、補習教育・キャリア教育の強化、授業評価制度の定着、ＦＤ（ファカルティ・ディベロップメント、教育方法改善などの大学改革のこと）を通じた教員の教育力の強化、キャンパス整備への学生参加、対学生の相談室機能の強化などを通じて学生満足度の体系的向上を図っていく。

さらに、大学全体の自己点検評価というＰＤＣＡ（Ｐｌａｎ-Ｄｏ-Ｃｈｅｃｋ-Ａｃｔ）サイクルに加え、教員各人の自己点検評価のＰＤＣＡサイクルを三年ごとの詳しい業績報告書提出の義務化（報告書の学内ＬＡＮでの公表を含む）を通じて確立する。その他、地域研究所、マルチメディア教育研究センター、別科のあり方など一三の基本方針（施策）を中心に、第一次中長期経営計画は策定された。

入学者の確保と退学者の防止・低減が、直面する大きな課題であったが、そのためには、前述した基本施策によって、変化する教育ニーズに対応した教育サービスを提供するとともに、学生満足度を高め、学生・父母・地域社会から高い評価を得る以外に途はない、そしてそのことが財政の安定にもつながるという考え方であった。

✴相互評価・認証評価の申請

第一次中長期経営計画策定と並行して、沖縄大学にとっては二度目の自己点検・評価作業も開始した。〇二年の大学基準協会への加盟審査の際、「相互評価の早期申請」を勧告されたこともあり、相互評価の申請に向けてその準備を進めたのである。また学校教育法の改正で、〇四年からすべての大学は教育研究等の状況について、一定期間ごとに、文部科学大臣から認証を受けた評価機関による認証評価を受けることが義務づけられることになった。そのため今回の大学基準協会への相互評価申請は同時に認証評価申請でもあった。

〇六年に認証機関である大学基準協会に相互評価・認証評価の申請をし、同協会の定める「大学基準」に適合しているとの認定を受けることができた。「評価結果」を見ると、義務的改善が求められる「勧告」はひとつもなく、「長所として特記すべき事項」が八点、他方でいっそうの改善努力を促す「助言」も八点あった。長所として、大学の理念のもと社会貢献には多大な努力が払われ、一定の成果もあがっていることなどが評価されたが、他方、改善努力すべき点としては、入学者の確保は成果が出つつあるものの、入学者と退学者に対する方策をいっそう展開する必要がある、さらに、そのための前提条件として、導入教育が意図された通りに機能しているか否か、さらに就職・進学に関する適切な指導と施策が十分作用しているか否かといった点をいっそう点検する必要があることなどが指摘された。

この大学基準協会による相互評価・認証評価とは別に、外部評価委員会を設置した。大規模私大などでは、低コストの外部資金導入を視野に入れ、格付け機関による評価を受けるケースもある。しかし地域に根ざす大学として、沖縄大学は地域社会からの評価を重視し、地域の有識者から本学の教育研究活動及び管理運営について、とくに第一次中長期経営計画を中心に意見を具申してもらうことにした。

〇七年一〇月に開催された第一回外部評価委員会では、期待したとおり、委員からさまざまな提言がなされた。自治体との連携についても、たとえば南城市とは観光で、また糸満市とは別の学科が別のテーマで連携するという形にしてはどうか、あるいはアメリカの大学におけるピアサポート（学生による学生支援）を取り入れるべきではないか、などである。

3　「地域共創」に向かって

✴那覇市と協働のまちづくり

長年にわたる土曜教養講座や移動市民大学、さらに沖縄セミナーなどの実績をもとに、二〇〇〇年から沖大の地域社会との連携は新たな展開を始めた。

この年、那覇市都市計画課の要請で、沖縄大学は大学周辺の真和志《まわし》地区の市民を対象にしたまちづくり講座を開催した。那覇市は那覇、小禄、首里、真和志の四つの地区からなっているが、中心地として整備されている那覇地区、広大な軍用地が返還されて再開発が進んだ小禄地区、首里城が再建され、沖縄観光の中心として整備されている首里地区に比べ、真和志地区のまちづくりは相対的に立ち遅れていた。そこでこの真和志地区において、市民主体のまちづくりの機運を高めようというのである。

真和志地区の市民を対象に、「福祉」、「商店街の活性化」、「緑化」をテーマとする三回の講座開催のあと、市民からの希望が一番多かった「緑化」からまず始めることにした。

数百年前に中国から伝わったムイクワ（ジャスミン）を植え、その花を摘んでお茶に浮かべ、香りを楽しみながら飲むという文化がかつてあったが、今日ではほとんど廃れてしまっている。そこで街にムイクワを植え、このお茶を復活させようというわけである。沖縄大学に隣接する寄宮十字路通り会、寄宮自治会の「ムイクワの香りが漂うまちづくり」は、その後、かすりの里・南風原町、那覇市中心商店街のにぎわい広場その他にも広がっていった。〇七年度都市緑化コンクール（沖縄総合事務局、沖縄県等主催）の亜熱帯緑化事例発表で、寄宮十字路通り会と寄宮自治会は優秀賞を受賞した。

✴エコキャンパスからエコシティへ

二一世紀の最初の年にあたる〇一年四月、全学集会を開催し、「教育と研究を通じて地域の環境の改善を図り、そのことを通じて地球環境の改善に貢献する、そのためにまず足元の大学キャンパスを環境改善の実践の場とし、環境に配慮したエコキャンパスに変えていく」ことを決議した。

エコキャンパス宣言をして、環境マネジメントシステムに関する国際標準化機構による国際規格ＩＳＯ一四〇〇一の認証を取得するとともに、〇三年には那覇市のエコホテル創出事業と連携してエコシティづくりに取り組んだ。ホテルなどを対象とした環境マネジメントシステム構築支援事業である。沖縄では、ＩＳＯを取得した企業の数は他府県と比較して非常に少ない。製造業が少ないこと、遠い本土のコンサルタントに頼らざるを得ないので費用が高くつくこと、が理由として考え

エコ学園祭（2001年11月23～25日）ではゴミの６分別収集と組成分析（78分類）を実施した。

られる。そこで、提携大学である京都精華大学のＮＰＯ木野環境と連携しながら、この事業を開始した。これまでに、ホテル、建設会社、リサイクル業者など八社が、沖縄大学の技術指導のもとに認証を取得している。

また〇四年には、那覇市立宇栄原小学校からの依頼で、沖縄大学の環境管理事務局が学校版ＩＳＯのシステムづくりを支援した。小学生たちがワークショップ形式でシステムの中身をつくっていくというものである。〇五年には、豊見城市の長嶺中学校でも取り組んだ。

学生たちによる独自の取り組みも生まれた。〇一年の全学集会のあと、エコキャンパスクラブを設立し、秋のエコ学園祭実現に向けて取り組みを開始した。その年の第一回エコ学園祭では六分別収集とゴミの組成分析（七八分類）を行った。分析の結果、プラスティックや発泡スチロールの使い捨て食器が圧倒的に多いことが分かると、翌年は、学園祭での発泡スチロール食器の使用を止め、ディッシュ・リターン・プロジェクトを導入して、食器を洗って繰り返し使うことにした。さらに三回目のエコ学園祭では、ビヤサーバーの導入によりビール缶の排出を抑制した。またこの年は生ゴミの堆肥化にも取り組んだ。翌年の第四回エコ学園祭では、ワリバシのリサイクルやオリジナル・リユースカップとデポジット制の導入を行った。こうした取り組みの結果、四年前に比べ、学園祭を終えて燃やすゴミは六五％減、燃やさないゴミは八九％減を達成した。

学生たちが始めたディッシュ・リターン・プロジェクトは、その後、県内の大型イベントから地域の児童館のお祭りに至るまで拡がっていった。こうした状況を踏まえて那覇市は食器洗浄車「エコフレンド号」を導入した。エコキャンパスクラブの活動は地元マスコミでもたびたび取り上げられた。沖縄テレビ「河川・環境シリーズ」の番組「進化するエコ学園祭」は、学生たちが創意工夫でエコ学園祭を進化させていっている点を高く評価した。そして〇三年の第一回全国大学生環境活動コンテストで、エコキャンパスクラブは三年間のエコ学園祭を中心とした活動報告を行い、「特別賞」を受賞したのだった。

学園祭が実践的な「環境教育の場」になった。学生たちは、毎年、『エコ学園祭報告書』をまとめ、公表している。活動を自ら評価し、それを記録し、継承し、発展させる、いわゆるＰＤＣＡサイクルを学生たちが自ら展開してきた。こうした取り組みのなかで学生たちは大きく成長した。

✴駐車場問題と脱クルマ社会宣言

沖縄は素晴らしい自然環境を拠りどころに観光産業を発展させ、今後の経済的発展も観光産業を軸に展開していくことが想定されているが、環境の現状には厳しいものがある。無秩序な開発による自然の喪失に加え、行き過ぎたクルマ社会が原因となって温室効果ガス排出量が急増している。車で通学する学生も多い。構内と学外三ヶ所に駐車場を持っているが、その収容能力を超えてクルマが増え続けている。

前述したように、未来を担う人材を育てるため、〇一年に足元の大学のキャンパスをエコ化するとりくみを開始した。その結果、エコ学園祭ではエコキャンパスクラブの活躍など成果をあげているが、クルマ問題に関しては学生の意識はまだ高まっていない。車通学は増加するばかりで期末試験の時など「車が止められない」という苦情が絶えなかった。駐車場の拡張や立体化を要望する声も多いが、都市のなかにある大学にとってその実現は難しい。仮に実現したところで、根本的な問題解決にはつながらない。

そこで桜井国俊学長は、「脱クルマ社会宣言」（〇四年四月）を発して、学生たちに次のように訴えた。

「沖縄には、鉄軌道がなかったことや米軍支配の影響で、典型的な車社会が形成され、今やその

有料化した構内駐車場

弊害が様々な形であらわれています。その最たるものは温室効果ガスの排出で、沖縄県における温室効果ガスの排出は、九〇年代の一〇年間で三〇%以上増加したといわれ、全国平均の八%と比べても異常な突出ぶりとなっています。増加の最大原因は自家用車台数増にあります。IPCC（気候変動に関する政府間パネル）の第三次報告によれば、一九九〇年に比べ二一〇〇年には、海面水位は最大で八八㎝上昇しますが、専門家は、その際には沖縄の砂浜は一〇〇%消失すると予測しています。沖縄社会の持続的発展のためには、主産業である観光業の魅力の源泉である白い砂浜の保全が不可欠であり、クルマ社会からの脱却が求められる所以です。また、忘れてはならない弊害に、健康への悪影響があります。都道府県別肥満度比較では沖縄はダントツで一位ですが、その一因は過度のクルマ依存による運動不足です。『長寿社会沖縄』のイメージ回復のためにも、脱クルマが求められています。」

従来、大学から二キロ圏内の教職員・学生には、原則として構内駐車場の利用を認めないことにしているが、さらに〇三年一一月からは専任教職員の大学駐車場の利用を原則認めないことにした。そしてこの「脱クルマ社会宣言」のなかで、〇四年五月から構内駐車場をパスカード式（プリペイドカード）により有料化する方針を打ち出した。クルマ社会からの脱却について真剣に考えてもらおうという趣旨である。

有料化に対する学生たちの反応は、よいとは言えない。しかし有料化に踏み切ったことにより自動二輪や自転車、バス、徒歩への移行がかなり進み、それに合わせ有料駐車場のデッドスペースを自転車駐車場に改造した。こうした取り組みの結果、非常勤教員の駐車が容易になり、また期末試験時に多かった「車が止められない」という学生からの苦情もなくなった。

「脱クルマ」の社会実験はまだ軌道に乗っているとは言えない。地域に根ざす大学として、環境の世紀において、「脱クルマ」の先頭に立つことが不可欠の使命と考えてとりくみを開始したものだが、環境教育カリキュラムの改善、地域の企業・自治体と連携した公共交通機関の利便性の回復、緑を増やすなどして歩きたくなる通りをつくることなどが今後の課題である。

✷沖縄島南部全域に広がる協働のまちづくり

那覇から始まった地域と協働のまちづくりは、さらに沖縄島南部地域全域にまで広がった。〇四年から三年間、南部広域市町村圏事務組合との共同事業、「丸ごと!なんぶ観光コース開発・ガイド養成講座」を開催した。前述の八〇年代に実施した「沖縄戦と基地を考える沖縄セミナー」の内容をさらに発展させたものである。現職のガイド、ホテル・旅行社に勤務する人、タクシーの運転手、定年後ガイドを希望している人、ガイドは希望しないが自分たちの地域のことをしっかり学びたいという人など、一二〇人を受け入れて講座はスタートした。

沖縄を訪れる観光客は、一九七二年の日本復帰直後には四〇万人ほどだったが、〇三年には五〇〇万人を超えるまでに大きく伸びている。また二〇〇〇年にはリピーターの数がビギナーの数を超えるという状況も生まれた。修学旅行も激増し小・中・高、専門学校など約二千校、四三万人がやってくるようになった。生徒たちは事前に沖縄のことをよく学習してからやってくる。このような状況の中で、ガイドの質的向上を図るべきだという声が各界から高まってきたのである。

また南部地域には深刻な問題もある。つまり沖縄にやってくる観光客は大幅に増えたものの、その大部分は世界最大級の「沖縄美ら《ちゅ》海水族館」や整備されたビーチなど観光資源が集中する沖縄島中・北部を訪れていることだ。沖縄観光はもともと激しい地上戦となった南部の戦跡を中心とする慰霊観光から始まったが、今日では観光客の流れは沖縄島中・北部へと大きく変わってしまっている。このような背景の下で、これまでとは質的に異なった、南部の新しい型の観光コースの開発や観光ガイドの養成を図る必要性が出てきたのである。

講座開催の狙いはガイドのレベルアップだけではなかった。この講座を通じて、自治体と連携しながら、南部地域の産業、技術、人材、観光資源、自然環境、文化、歴史など、さまざまな資源や魅力を掘り起こし、個性ある豊かなまちづくりを推進することも視野に入れた。講座には、自然、歴史、文化、産業の分野についての講義のほかに、ガイド実習や自主研究を入れ、受講生にはオリジナルな観光コースの開発を義務づけた。

なおこの沖縄大学の取り組みは、内閣府都市再生本部の都市再生プロジェクト「大学と地域の連携協働による都市再生の推進」（〇五年一二月六日）において、実践的な教育・研究の先進的事例として取り上げられた。

✴小・中・高校生への研究支援

沖大ではまた社会貢献活動をさらに充実させるべく、〇六年四月から地域貢献室を発足させることとした。地域貢献室では、当面、環境マネジメントシステム構築支援事業を中心に地域社会への貢献を充実させていくことにしている。

一方、地域研究所では、〇二年から「緑の地球防衛基金」からの交付金の一部を使ってジュニア研究支援を開始した。「緑の地球防衛基金」は、元環境庁長官の大石武一が中心となって、世界中で進む森林破壊や砂漠化に対し地球上の緑の保全・再生を目的として八三年に設立したものだが、㈱オーエムシーの「地球にやさしいカード」の中の「白保のサンゴを守る」カードの利用額の中から、〇・五％が「緑の地球防衛基金」を通じて沖縄大学に寄付される。

ジュニア研究支援は、県内の小学校、中学校、高等学校に在学する生徒によって構成される共同研究（自然観察、環境保全、環境まちづくり、総合学習など）に研究費を助成するものである。研究上の助言を行うことを内容とする研究支援で、ジュニアには「対象を見つめ、発見し、そこから物事を考えはじめ、そして周囲に共感をもって伝える」ことを期待している。

助成を受けた宮古島にある宮古農林高校は、〇三年、第三回世界水フォーラムの地下水環境研究会セッションプログラム「人間活動と地下水の調和を目指して」で、「宮古の水を守れ」をテーマに有機肥料の開発に取り組んだ事例を発表、「地下水セッション奨励賞」を受賞した。この研究はまた、第六回日本水大賞（主催・日本水大賞顕彰制度委員会、後援＝環境省、文部科学省など）のグランプリ、青少年研究活動賞を合わせて受賞した。さらに翌〇四年、第八回ストックホルム青少年水大賞を受賞するという快挙も成し遂げている。

また同じく助成を受けた石垣島の八重山農林高校の生徒は、〇五年にオオヒキガエルの研究で環境大臣賞を受賞した。

✴「泡盛講座」と「お菓子講座」

沖縄大学では、一部、二部統合に伴い、中長期経営計画を踏まえ、夜間帯を活用した社会人対象の教育プログラムを検討してきた。従来、二部に関しては、学費は安いが教育内容は一部との差別はないことを強調してきたが、学び直しを求める社会人には当然別の魅力的なメニューが考えられなければならない。社会人のニーズをきちんと把握し、これに応えられる教育サービスを提供すべきではないか、こうした考えにもとづいて開講したのが、〇五年から始めている「泡盛マイスター・アドバイザー養成講座」「情報菓子ビジネスプランナー養成講座」である。

これらは沖縄の産業振興を強く意識して導入したものである。「泡盛講座」は社団法人泡盛マイスター協会の寄付講座で、泡盛の特徴や泡盛の歴史、文化などに精通した泡盛版ソムリエの育成を目的としている。またフード流通経済研究所、沖縄県農林水産部流通政策課等の協力で開講している「菓子講座」には、学生の他に社会人七〇名が聴講し、好評を得た。沖縄には数多くの琉球伝統菓子があるが、それらは残念ながら全国に通用するものにはなり得ていない。そこで地域の文化を深く掘り下げ、それをもとに産業の振興を図っていくことを狙いとしている。

また、講座の運営にあたっても、行政や企業、市民がボランティアなど外部の人材を活用するという新しい試みを展開している。

＊

一九七八年の新生沖縄大学スタートとともに定例化した土曜教養講座と移動市民大学、そして八〇年代に一〇年にわたって実施した「沖縄戦と基地問題を考える沖縄セミナー」、二〇〇〇年以降の地域と協働のまちづくりなど、四半世紀を超えるさまざまな取り組みを振り返ってみると、沖縄大学は、大学を地域に開いて啓蒙の機会を提供するという立場（「開かれた大学」）から、持続可能な社会を地域と共に創っていくという姿勢（「共生実践する大学」）へと進化してきた、ということができる。

こうした沖縄大学のとりくみについては、〇五年に、山門健一副学長が私立大学協会の「教育学術新聞」で報告した（「地域と共に生きる――沖縄大学の取り組み」第二一八〇号、二一八二号）。私立大学協会は、その報告の中の「地域と共に持続可能な社会を創る大学」こそ、地域の大学が目指すべき方向であるととらえ、〇六年から、「〝地域共創〟に関する研究協議会」を開催している。〇七年には、沖縄大学もこの研究協議会で事例発表（〝開かれた大学〟から〝共生実践する大学〟へ）を行った。沖縄大学の取り組みの中から生まれた「地域共創」はいまや全国的に市民権を得つつある。

4　学生が主役の大学づくりへ

✴〝大学全入時代〟を迎えて

〇七年の入試で定員割れした私立四年制大学は三九・五％に達した。過去最高だった前年からほぼ横ばいで、厳しい状況が進行している。また同年の短大の定員割れ率は六一・六％（前年比九・六％増）で過去最高となり、さらに深刻な状況になっている。これは日本私立学校振興・共済事業団調査が通信制などを除く四年制大学五五九校、短大三六九校の全校を対象に実施した調査の結果である。

同事業団はこの年の全国の私立大学の特徴をつぎのように分析した。――地域的な二極化と規模的な二極化がなおいっそう促進された。東京、大阪など大都市の大規模な大学が大幅に志願者数を増加させ、一方、地方の中小規模大学は著しく学生数を減少させた。短期大学の志願者数は、地域、規模に関係なく大幅に減少した。また、学部別の傾向を見ると、これまで人気のあった薬学系、看護・福祉系の志願者が減少し、一方、法律系、経済系の学部・学科の志願者数が増加している。今後は、人気学部を目指した学部・学科の改組などによる経営改善方策が難しい時代になったといえる。かつてない学生数の減少に追い込まれた地方の中小規模の大学・短大は、教育内容を更に充実させ、地域社会からの信頼をよりいっそう高めることが必要となる……。

こうした中、沖縄大学では、この間の社会的ニーズに対応した学科再編等が功を奏して、〇五年、〇六年は入学定員を確保できたものの、一・二部を統合した〇七年の入試では約五〇人の定員割れが生じた。この数は募集を停止した二部の、前年度の志望者数にほぼ一致する。幸い〇八年度は、福祉文化学科の三コース制導入や積極的な広報活動によって定員確保に問題はなかったものの、六、七校時を多面的に活用した社会人学生の学びの場の確保が今後の課題である。

定員割れの問題と並んでもう一つの大きな問題が、退学者の割合の大きさである。退学者、除籍者、休学者は毎年百数十名を超え、これは在籍者の七～八％にあたり、全国私大の三・三％（〇三年度、日本私立学校振興・共済事業団調べ）と比べてかなり高い。

一方、見方を変えて、政界、経済界、芸能界、スポーツ界等で活躍する沖縄大学同窓生に占める中退者の割合を見ると、それは決して小さくない。また、大学を中退したものの数年後には復学したり、再入学する者も珍しくない。退学の理由は、経済的理由、健康上の理由、仕事の都合などさまざまだが、そこには、必要なときに大学で学び、卒業すると否とに関わらず、大学体験を一つのステップとして次に飛躍する姿がある。

八〇年代には、学長が入学式の式辞で次のようなことを述べたこともあった。

「いま、大学に進学できる恵まれた人たちは、同世代の人たちの三人に一人か、四人に一人である。大学を出ることは、社会人としての必要条件ではない。沖縄大学は、入るのはさして難しくはないが、卒業は必ずしも容易ではない。大学卒業が唯一の選択肢ではないことも考えながら、有意義で、無駄のない学生生活を送ってほしい。大学は、大学を必要とする人たちには、いつでも開かれている。」

しかし、時代は変わり、若者気質も変化した。全国的に見れば、大学進学率は五〇％に近づきつつある。こうした状況の中で、退学の持つ意味も大きく変化しつつある。退学者が多いということは、大学がその教育目標、学生支援の目標を効果的に達成できていないことを示しているといえよ

1991年の入試説明会。この後、新入生対策に本格的にとりくみ、入学前オリエンテーションや入学後宿泊オリエンテーションなど種々の試みを実施してきた。

う。だとすれば、これを放置するわけにはいかない。そこで、入学から卒業までの学生支援策として、次のようなことに全学あげて取り組むことにした。

✴新入生オリエンテーション

まず、新入生に対する取り組みである。これまで「学んだ学力（知識の量）より学ぶ意欲」という考えのもとに、長年にわたって面接重視の入試制度を採用してきた。「選抜のための入試」ではなく、「教育のための入試」をめざしてきた。今日では、ＡＯ入試や推薦入試で入学してくる学生が大半を占めるが、入学者の基礎学力にはかなりの幅があるという現実もある。そこで早い時期に合格が決まった受験生には、高校との連携を図りつつ、新聞切り抜き帳作成の課題を義務づけてきた。その目的は、昨今の活字離れの進む高校生たちに大学入学前に新聞を読む習慣を身につけさせ、社会的出来事に関心を持たせると同時に、大学で学んでいく上での自分のテーマを見つけて欲しいということにある。

新聞の利用ということでいえば、〇五年に、法律系の教員が中心になって、〝新聞記事で学ぶ法学入門書〟（『法学　沖縄法律事情』琉球新報社）をまとめている。沖縄に発生した事例・事象を通して法学を学ばせようというのである。また、〇五年からは、自らが学ぶ大学の歴史を知ってもらうために、「沖縄大学論」（二単位）を開講している。

さらに、入学前に直接、大学の教職員と顔を合わせて話し合うことは高校生たちのモチベーションを維持し高めていく上で有効であると考えるため、〇七年度からは、ＡＯ入試や推薦入試が終わると合格者を大学に集め、入学前オリエンテーションを実施することにした。入学前教育も、新聞切り抜きだけでなく、新聞記事の要約、さらに英語検定、漢字検定等の導入も検討している。

人文学部では開設以来、入学式後に渡嘉敷島の国立青年の家や県立糸満青年の家などを利用して、一泊二日の宿泊オリエンテーションを実施してきた。これは、履修方法等の学習のほか、新入生同士、新入生と教員、新入生と在学生の交流を図ることを目的とするもので、仲間づくりの場としても効果をあげている。在学生もスタッフとして参加し、中には二度目、三度目の学生も多く、経験を重ねた学生スタッフは単なるサポーターではなく、アドバイザーとして活躍している。

法経学科は他学科に比べ学生数が多く団体行動が困難であり、現在のところ、宿泊オリエンテーションは実施していない。しかし、学内の施設を使ってゼミ単位でのオリエンテーション、履修指導、科目登録など、少人数できめ細かな対応を行っている。

また、入学式の翌日に行われる基礎学力調査は、以前は英語と国語だったが、現在は英語と情報リテラシーのテストを実施し、その結果によって、各自のレベルに応じた授業が受けられるように配慮している。しかし〇七年度に福祉文化学科で実施した国語及び数学のテストは、新入生の学力を知る重要な情報となっているということもあって、全学科に広げることも検討している。

✴問題発見演習とアドバイザー制度

新入生の必修ゼミとしては、問題発見演習Ⅰ・Ⅱを開講している。新入生五五〇名に対し四〇以上のクラスを設け、少人数によるゼミ運営を行っている。少人数であるため、学生同士、また学生と教員の人間的触れ合いや個別的な学習指導が可能となり、その後の学業継続、学習意欲の改善に大きな成果をもたらす重要な場であると考えている。そこではゼミ幹事の選出を義務づけ、学生同士の支えあいで落ちこぼれを防止するねらいもある。

これまで学部学科横断的に運営されていた問題発見演習Ⅰは、〇七年度から学科ごとの縦割りにし、学科の教員がアドバイザーとして学生に対して責任をもって指導・連絡をする体制をとるようにした。これにより学生の動向をより的確・迅速に把握し、適切なアドバイスを行うことが可能となった。月に一回のペースで開かれる問題発見演習担当者会議では、問題学生の把握、とくに欠席の多い学生についての情報交換や、学習内容及び指導法の改善に向けた情報・意見交換などを行っている。

担当教員の役割も「教授する」というものから、「支援する」という性格を持つことになり、教員に、〝教授者〟ではなく〝学習支援者〟として振る舞うことを求めることになる。従来からの固定化した大学教員像に大きな変更を迫るものであり、沖縄大学におけるきわめて特色のある試みである。その意味では、学生支援活動は教員のＦＤ（教育方法改善）のためにも大変有効なプログラムとなり得る。

また、〇六年にはベテランの退職職員を配置した学生支援室も設置し、教員と連携しながら、困難に直面している学生の早期発見・早期支援にあたることができるようにした。

✴学生による授業評価アンケート

学生が退学する理由には経済的な問題その他いろいろある。しかし、最大の原因は、入学した学生に学び続けたいと思わせるだけの充実した内容の教育を、教員がまだ提供できていないということにある。

「学生による授業評価アンケート」の全学的実施は〇二年で、県内大学では最も早かった。アンケートの内容は、学生自身の受講姿勢に関する五つの質問項目、教員の講義方法に関する一一の質問項目などで、その他に授業科目についての感想または大学の職員や施設に対する改善すべき点などについて自由記述欄も設けている。

アンケート結果は、〇四年から科目名、教員名も含め学内ＬＡＮで公開している。また学生に自由に記入してもらう自由記述欄に書き込まれたコメントは、授業に批判的な意見を書いた学生が筆跡から名前が特定できないようにワープロで打ち直して当該教員に渡し、授業改善の材料とするよう働きかけている。さらに学生が、次期登録の際、アンケート結果を参考にできるよう、集計作業をスピードアップし公開を早めてきた。

アンケートを実施するなかで、以前は評価が低かったのに飛躍的に評価が向上した科目もいくつかあり、さらに全体の平均値が上昇するなどの効果も表れてきた。他方、多くの科目に共通する改善課題としては、「講義への学生参加」の促進、授業改善を行おうとする教員への支援の強化、履修科目登録時の学生による授業評価結果の活用の促進などの問題が指摘されている。

また、講義の質を高める目的で、専任教員の授業は原則的に公開とし、教員は相互研鑽に努めることとしたが、実際に機能しているとはいいがたかった。そこで〇七年秋に一週間の授業公開日を設け、期間中は基本的にどの講義も自由に見学してよいこととした。この公開授業については父母にも呼びかけたところ一七名の参加があった。

✶討論集会「沖縄大学は私が変える！」

大学づくりには主役である学生の参加が決定的に重要であるという考えをもとに、学生参加を積極的に推進してきた。学生たちは、大学づくりに積極的に参加するなかで、問題発見・問題解決能力を磨き、それが彼らの自信につながっていく。

〇一年には、学生たちがエコキャンパスクラブを結成し、大学や学園祭をエコ化する活動を展開して地域社会から評価され、地域からの要請で地域のエコ化に関わっていくなかで大きく成長していったという実績がある。また聴覚障がい学生が入学してくると、自発的に支援態勢を組んだノートテイククラブもめざましい活動を展開した。聴覚障がい学生と共に学外へと活動の輪を広げ、県内大学や沖縄県難聴・中途失聴者協会とともに、地域における聴覚障がい学生への理解を深める活動などにも取り組んだ。〇六年度の卒業式には、ノートテイクグループの卒業生二一人に対し学長特別賞が授与された。

こうした学生たちの活動実績を踏まえ、〇五年の大学創立四七周年記念日には、「沖縄大学は私が変える！」と銘打った学生・教職員大討論会を催したが、その趣旨は、これまでの教職員中心の創立記念日を学生中心の創立記念日とすることによって、学生のやる気を解き放とうということにあった。討論集会「沖縄大学は私が変える！」では、卒業生や学外者も参加して、第一部は「沖縄大学は学生の期待に応えているか——学生の満足度を高めるために」をテーマに全体会、第二部は五つの分科会に分かれて討論、そして第三部は分科会の報告を受けて再び全体会という形式で行った。その中で学生から沖大改革について多くの意見・提言が出された。

〇六年の「沖縄大学は私が変える！　ＰａｒｔⅡ」では、ゼミ、サークル等から学生が企画するプロジェクトを募集し、創立記念日に公開プレゼンテーション大会が開催された。「フィールドワークの提案」「珊瑚の森づくり」「講義活性化プロジェクト」「学生のみんなの安全とノートテイクの充実」「沖大生の〝食育〟を考える」「沖大生のドロップアウト対策」など、一七のプロジェクトのプレゼンテーションが行われた。

○七年の「沖縄大学は私が変える！　ＰａｒｔⅢ」では学生提案プロジェクト二五件のなかから「沖大式フリマ〝エコマーケット〟」「沖縄大学五〇周年記念賞」「マイバック講座」「再考食育プロジェクト」「壕ガイド養成プロジェクト」の五件が学生自身の手で採択され、これらに対しては予算措置を講じてその提案を学生に実施させていくことにした。

学生が主導して、学生の提案をまとめ、採択したものに大学が財政的支援をしていく。これらは大学を〝共創〟する試みであり、共創力育成の場として大きな可能性を秘めている。大学づくりや地域づくりに参画するなかで、学生たちは大きく成長していく。大学の主役は教える側の教師ではなく、学ぶ側の学生であり、教職員の責務は、受け入れた学生に自ら学ぶ場を提供し、人間として自立させていくこと、そのためには全ての、そして一人ひとりの教職員が学生と真摯に向き合うことが求められている。本学は学生数二〇〇〇人程度の小規模大学であるが、この小さな大学の良さを活かして触れ合いの場を創っていくことが可能であり、また必要である。その方向で教職員の意識改革をたえず進めていくことが求められている。

✴芸能、語学、スポーツ等ではばたく

サークル活動も学生にとって重要な学びの場となっているが、五〇年の歴史を振り返ってみると、時代を反映しながら、学生たちのサークル活動の内容にも移り変わりが見られる。

沖縄は「芸能の宝庫」と言われる。復帰前には郷土芸能クラブや八重山芸能クラブがあった。最近ではこれらに代わってエイサーサークルや三線《さんしん》部が活発に活動している。またこれらのサークルには県外出身の学生、交換学生などが数多く参加しているのも大きな特徴である。

大学の近くの商店街を学生たちのエイサー隊が踊りながら練り歩く〝道ジュネー〟は、いまでは旧盆の風物詩にもなっている。〇三年九月、提携校の和光大学（東京都町田市）で沖大生による三線ライブ「琉球の唄、三線のしらべ」が行われた。その際、キーボード役には京都精華大学の学生が応援に駆けつけた。フィナーレでは、みんなでカチャーシーを踊った。その年の暮れの学内のミニシアターでの「さんしんミニライブ」には、韓国・聖公会大学校、京都精華大学、和光大学からの交換学生たちも参加した。

知花竜海（法経学科）は「三線はダサイ」と思っていた。しかしTHE BOOMの「島唄」（作詞・作曲：宮沢和史）を聴いて驚いた、「三線はかっこいい楽器だ」と感動したという。三年のときNHK青春メッセージ二〇〇一に出場した。「ウチナーグチ（沖縄語）を守ることがふるさとを愛することだ」と、スピーチではなくラップの曲にのせて、ウチナーグチを交えながら訴え、審査員特別賞を獲得した。卒業してすぐ北京に留学したが、中国人ミュージシャンと一緒に『品味期限』というアルバムを作っている。〇四年八月、沖縄国際大学に米軍ヘリが墜落・炎上する事件をきっかけに生まれたのが「民のドミノ」である。また〇七年二月には、「ピース・ミュージック・フェスタ辺野古」を開催している。

中国との歴史的な深いつながりもあって、中国への留学希望者は多い。毎年数名が中央民族学院や西安交通大学などへ留学している。また台湾の東海大学、仏光大学とは交換学生協定もある。そうしたこともあって学内の中国語学習熱は高い。学生たちは中国語サークル「中文工作房」で、中国語の力を磨きスピーチ大会や検定に積極的にチャレンジしているが、毎年のようにやってくる台湾からの留学生もこのサークルに入部するので、理想的な学習環境となっている。

〇三年には、入学して半年の女子学生が日本アジア航空中国語スピーチコンテストで優勝した。また〇四年には、福岡で開催された「五星奨・全西日本大学生中国語コンテスト」に出場し、「弁論の部」で優勝と三位という成績を収めている。日中国交回復三五周年記念行事の一つとして、九州・山口、沖縄の大学生を対象に実施されているこのコンテストには「暗誦の部」と、与えられたテーマにそって自分で文章をつくり発表する「弁論の部」があり、文章力や発音、表現力などが審査の対象となる。「中文工作房」は、このコンテストに七年連続出場と五回の入賞、うち二回は優勝という成績を収めている。〇七年六月、これが評価され、中国駐福岡総領事館から表彰された。

空手部の活躍も目覚ましい。全日本学生空手道個人選手権大会男子「個人形の部」で、新地修（法学科）と与儀実勝（同科）の二人が六連覇（八六年から九一年まで）を達成、その他に準優勝五回、三位二回という輝かしい成績を残している。

世界にチャレンジする女子空手も注目の的である。〇二年、スペインのマドリードで行われた世界空手道選手権大会の女子団体形で、日本代表の嘉手納由絵（国際コミュニケーション学科四年次）、清水由佳（国際コミュニケーション学科二年次）、豊見城あずさ（沖縄電力）は、惜しくもフランスに僅差で敗れたものの銀メダルを獲得した。しかし二年後、走り込みと筋肉トレーニングで下半身を強化してパワーをつけ、万全の態勢で臨んだ〇四年のメキシコ大会では、ついに世界一の座を獲得した。

ついで〇六年、フィンランドのタンペレ市で開かれた第一八回大会には、卒業生の嘉手納由絵、清水由佳に金城さゆり（国際コミュニケーション学科三年次）が加わって臨んだ。会心の演技を終えたとき、会場全体に拍手が鳴り響いた。誰ひとり日本の優勝を疑う者はいなかった。だが、判定は「規定時間八秒オーバー」だった。演技の途中でも拍手が鳴りやまず、「収まってから次の演技に」、と少し間をおいたことが規定時間オーバーにつながってしまったのだ。惜しくも銀メダルに終わったものの、本場空手のレベルの高さを世界に見せつけた。

✴就職指導からキャリア形成支援へ

奨学金の充実は創立以来の伝統であるが、この間、企業や個人から寄付金を募って冠奨学金を設けるなど、奨学金制度の充実を図ってきた。現在では全学生の四五％が何らかの奨学金を受給できるようになっている。〇三年の大学基準協会への加盟審査の際もこの点は高く評価された。

学生支援に関しては父母とも話し合っている。八三年以来、毎年、県内各地でゼミ担当教員を中心に父母懇談会を開催しているが、〇六年からより充実したものにするため、会場を四ヶ所から六ヶ所に増やした。成績表や主要科目の出欠票を参考に進路・修学相談や奨学金相談、就職指導室スタッフによる就職相談等を行う。面談終了後の懇談会では、大学の現状や学生支援の方針などを説明し、忌憚のない意見を交わし交流を図っている。

就職率は県内大学の中では常にトップの成績を上げているが、民間企業出身の就職指導室長を中心に、小さな大学だからできるマンツーマンの就職指導を行っていることが好成績につながっている。しかし一方では、将来の職業について明確な自覚を持って入学してくる学生は少なく、就職に関心が低い学生が多数を占めるという状況もある。また就職活動の時期が遅く、結果的にミスマッチが生じて早期退職という悪循環になる可能性が高いことが従来から指摘されてきた。このような状況を踏まえ、就職指導の内容を変えてきた。就職ガイダンスや、各種の講座などを充実させるとともに、一年次から始めるキャリア形成教育（「仕事と社会Ⅰ・Ⅱ」、インターンシップなど）にも力を入れ、社会と積極的にかかわりあうなかで、しっかりした職業観や生きる力を身につけさせるようにしている。

他方、就職率（就職決定者数÷就職希望者数）は高いものの、就職希望率（就職希望者数÷卒業予定者数）が低いという問題があった。沖縄大学の場合、〇五年の就職希望率は五四・二％だった。県内大学全体の四一・九％よりは高いが、全国に比べるとかなり低い。全国私大は八〇・五％、全国大学全体は六九・五％である（〇五年二月一日、文部科学省・厚生労働省調べ）。そこで指導を強化した結果、就職希望率は〇五年度六〇・八％、〇六年度七一・一％、〇七年度七七・八％に上昇した（いずれも五月一日調べ）。

✴学生の卒業時満足度調査

学生支援の目標は、受け入れた学生一人ひとりを支援し、在学中に、地域との関わりも含め、自らの人生を積極的に切り拓く意欲を育てること、それぞれの人生に必要とされる能力を身につけさせること、そして卒業に当たっては自信をもってそれぞれの人生を歩んでいけるようにすることである。このことは、学生、教員、職員のさまざまなつながりの中で互いに支えあい、協力しあう共創的なキャンパスづくりを進めるなかで実現するものだが、四年間でどれだけ達成されたかは、卒業時の学生満足度に表われる。

初めて実施した〇三年度の満足度調査の回収率は一〇・五％にとどまったが、その後〇四年度は四七・八％、〇五年度は七〇・七％、〇六年度は八六・五％にまで高めた。「沖縄大学で学んで良かったか？」という質問に対する〇六年度卒業生の回答は、「良かった」四八％、「普通」四五％、「良くなかった」七％だった。調査結果を改善措置にフィードバックしながら、卒業時学生満足度九〇％にまで持っていくことを目標にしているが、途はまだ遠い。

5　大学教育改革の四つのプログラム

✴文科省の大学教育改革支援プログラム

沖縄大学は、「地域に根ざし、地域に学び、地域と共に生きる、開かれた大学」という基本理念をもとに、地域貢献事業を展開し、また、「入学前から卒業後までの一貫した学生支援体制の確立」をめざし、試行錯誤しながらさまざまな取り組みを実施してきた。こうした実績をもとに、〇七年度の文部科学省の大学教育改革支援プログラムに申請したところ、四件の教育プログラムが採択された。地方私大としては異例といえよう。

競争的資金を通じて大学の質の改善を図ろうとする文部科学省の大学教育改革支援プログラムには、「特色ある大学教育支援プログラム」（特色ＧＰ）、「現代的教育ニーズ取組支援教育プログラム」（現代ＧＰ）、それに〇七年度から新たに加わった「社会人学び直しニーズ対応教育推進プログラム」と「新たな社会的ニーズに対応した学生支援教育支援プログラム」（学生支援ＧＰ）その他がある。ＧＰとは他の大学でも参考となる「優れた取組」を表すＧｏｏｄ　Ｐｒａｃｔｉｃｅの略である。

選定された沖大の教育実践は次の四つである。

まず特色ＧＰには「ノートテイクから広がる大学づくり——小さな大学での新たなユイマールの創造をめざして」が採択された。次に現代ＧＰには、「美《ちゅ》ら沖縄・環境まちづくりリーダー育成事業——地域に学び、地域に開かれた〝見て、体験して、解決する〟体験学習」が採択された。

三つ目に「社会人の学び直しニーズ対応教育推進プログラム」は、社会人の「学び直し」のニーズに対応するため、大学等における幅広い教育研究資源を活かした優れた学修プログラムを開発・実施することにより、学び直しに資する良質な教育プログラムの普及を図り、再チャレンジを可能とする柔軟で多様な社会の実現を目指すことを目的としているものだが、これには「菓子等食品ビジネスプランナー養成プログラム」が、文部科学省の委託事業として選定された。オープン教育センターの取り組み実績をもとに発展させたものである。

最後に学生支援ＧＰに採択された「学びあい・支えあいの地域教育の拠点の創成——地域ぐるみで〝共創力〟を育む学生支援」は、これまでの本学が最重点課題として取り組んできた学生支援策をもとに、新たな社会的にニーズに対応して、地域ぐるみで学生支援を展開していくというものである。

以下、この採択された四つの教育プログラムについて改めてその概要を紹介しよう。

✴ノートテイクから広がる大学づくり

○二年に法経学部に聴覚障がい学生が入学したことをきっかけに、聴覚障がい学生に対する学修支援システムを創りあげた。学生たちは、「支援するものとされるもの」という関係にとどまらず、同じ学生として対等に関わりあい支援しあう関係を作ってきた。さらに、大学内のみでなく県内大学の「沖縄聴覚障がい学生支援ネットワーク」を作り、高校・中学・小学校や地域の人たちの中に入って活動してきた。また、大学は学生たちのこうした活動を受けとめ、大学として責任をもって支援体制を作り上げた。小さな大学でも、障がいの有無を超えた学生たちの積極的な学びの活動を大学が支援して、学生と大学が協働して地域に学びつつ、大学づくりと地域づくりを行うことができるという可能性を示した。小さな大学だからこそ、大学と学生たちがお互い顔の見える関係の中で生じる多様な可能性を「新しいユイマール」と位置づけた。

今回の採択は、この取り組みをさらに強化し、拡大していく可能性をもつものである。本学の今後の目標はつぎの三つの柱にまとめられる。

第一の柱は、引き続きノートテイク活動を強化するとともに、発達障がいを含むすべての障がい学生の支援に取り組むことである。第二の柱は、沖縄大学だけでなく、他大学、地域の人たちとの障がい学生支援ネットワークづくりをめざして大学としての地域連携づくりを進めていくことである。そして第三の柱は、ノートテイクの取り組みで作られてきた学生たちのエネルギーを「障がいの問題」にとどめないで、学生同士の学びあい、地域での学びあいに拡大し、学生たちの学びの多様な活動を支援していくことである。

沖縄大学ではすでにそうした取り組みがいくつも進められている。〇九年度には、この課題を総合的に進める「学生支援センター」を設立する予定にしている。それは、「地域に根ざし、地域に学び、地域と共に生きる」という七八年以来の本学の理念を、学生を主体にして展開していく新しい取り組みの始まりと言えるものである。

✴美ら沖縄・環境まちづくりリーダー育成事業

この取り組みはこれまで蓄積してきた環境教育を土台として、さらに地域に展開する形で「美《ちゅ》ら沖縄・環境まちづくり」のために地域貢献することを目的としている。現場での体験・実践型の学習プログラムを通じて、地域の持続可能性や環境配慮を発想軸として持った地域エコリーダーを育成し輩出していく取り組みである。

エコツアー、サンゴ保全活動等の体験型学習を環境関連科目の中に取り入れることで、体験にもとづく現実的発想と講義による理論的思考を組み合わせた実践的な問題解決能力の向上を図る。また、環境関連科目の取得、地域協働を促進する自治体・環境ＮＰＯへのインターンシップ参加、小中学校での環境教育 支援と連携した「環境まちづくり・地域エコリーダー」の認証制度の構築を図る。さらにこの取り組みによって得られた課題や、環境まちづくりの具体的な貢献、エコリーダーの活躍等については、常に学内外へ情報を発信し、第三者評価を充実していく。

✴菓子等食品ビジネスプランナー養成プログラム

菓子関係の仕事に就職したい場合、菓子製造の技術的なパティシエやブランジェの専門学校等は全国に多数あるが、国内では、菓子類の企画、原料調達、生産、流通、販売、宣伝、販促にいたるまでのワンパッケージ（商品）として学習できる機会は無いというのが現状である。

そこで、沖縄大学では〇五年に「情報菓子関連講座」と「泡盛マイスター講座」を開設し、菓子関連講座ではフード流通経済研究所、沖縄県農林水産部等の協力も得、「情報菓子ビジネスプランナー養成講座」を開講、社会人七〇名を含む約一〇〇名が参加し、好評を得た。今回選定された「菓子等食品ビジネスプランナー養成プログラム」は、この講座に実習・視察等を充実させ実践的な内容に拡張し、菓子等の食品関係事業を起業または従事したい社会人や、新たな学び直しをしたい社会人を対象に開講するものである。

亜熱帯の沖縄では多種多様な農水産物が生産されているが、多品種少量のため、その多くが未利用のままになっている。そこで、この養成プログラムでは、①地域農水産物の加工利用の状況を明らかにし、②菓子、健康食品、機能性食品、医薬品などへの展開方向を探る。③ビジネスを想定した場合の課題も押さえ、④試作品を開発し、東京、沖縄、米国での市場調査等を行い、視野が広く柔軟な再チャレンジ人材を養成することを目的としている。

✴学びあい・支えあいの地域教育の拠点の創成

沖縄大学は「地域に根ざす」ことを基本理念とし、「競争力（知識量）よりも共創力（参画意欲）」

という学生支援方針を掲げている。そこで小規模大学の優位性を活かし、教職員と学生が共創して「学生ユイマール」（相互扶助）の場を広げ、学生たちが「学びあい」「支えあい」を実現する「地域教育モデル」を確立していくことを追求する。

また「地域教育力再生」という社会的ニーズにも応えるために、多様なピアサポート制度を活用した学生参加型の「地域教育」を実践していく。「大学教育」も「地域教育」の一環であると位置づけ、学生同士が学びあい、支えあう共創活動をキャンパスの内外で展開し、沖縄島南部を中心とする地域全体をキャンパスとするという構想である。また、「地域教育センター」の新設によって、地域ぐるみで「共創力」を育む学生支援を実践することを試みる。

＊

以上の四つの教育プログラムについては、今後、三年ないし四年にわたって、文部科学省から総額約一億五千万円の財政支援を受け、開発に取り組むことになる。各プログラムでは、学生時代に活躍したメンバーも数名、スタッフとして採用した。またこの四つのプログラムはそれぞれ別個のものでなく、相互に絡み合っており、四つ目に紹介した学生支援ＧＰ「学びあい・支えあいの地域教育の拠点の創成」に統合されていくものと考えている。

新時代の、学生が主役の大学づくりに向け、試行錯誤がはじまったところである。

〈年表〉沖縄大学五〇年の歩み

一九五六年11月26日　財団法人・嘉数学園設立認可理事長に嘉数昇就任(～72年5月31日)

一九五七年4月16日　沖縄高等学校開校式・入学式

一九五八年4月4日　琉球政府中央教育委員会、沖縄短期大学の設立認可（4月30日通知）

5月15日　山城篤男、学長に就任（～61年9月30日）

6月10日　沖縄短期大学入学式（商経科一部・二部、英文科一部・二部、被服科一部）

一九五九年4月1日　被服科を家政科に改称

4月14日　初等教育科設置認可（63年3月末までの限定）

一九六〇年12月20日　学園本館・図書館竣工

一九六一年2月24日　沖縄大学設置認可(3月10日通知)。沖縄短期大学は沖縄短期大学部へ変更

3月23日　沖縄大学教職員労働組合結成大会開催

4月25日　沖縄大学入学式開催（文学部英文学科、法経学部法律学科・経済学科、短期大学部英文科・商経科の第一・第二部、短期大学部の家政科・初等教育科）

7月6日　教職員労組、ベースアップを要求

10月12日　真栄田義見、学長に就任（～64年3月31日）

一九六二年2月3日　商学科設置認可。4月1日より法経学部（法学科、経済学科）は法経商学部に改称（法学科、経済学科、商学科）

4月22日　大学ビル竣工

5月26日　教職員労組、学園民主化・待遇改善・学生福利を要求しストライキ決行。5月29日解除

一九六三年6月21日　教職員労組、学園民主化・予算合理化・待遇改善の要求書送付
7月8日　教職員労組、三大要求スト突入
7月27日　中労委、職権斡旋の開始を決定、7月29日、教職員労組スト解除
一九六四年5月20日　嘉数武松、学長に就任（〜67年4月2日）
9月4日　学生会館竣工
12月9日　嘉数武松学長、理事辞任
一九六五年9月10日　琉球政府立法101号「私立学校法」公布（翌年7月1日施行）
11月17日　教授会、女子短大設置反対を決議
11月18日　全教授が理事長宅に集合、深夜19日、女子短大設置について理事長と教授会が会談、物別れとなる
12月10日　教授会・学生と理事長が会談、理事長は、嘉数津子が去る条件として財団法人嘉数学園と別個の女子学園を設置する案、法人を大学と高校に分離する案などを提案

一九六六年1月7日　理事会、嘉数津子常任理事が辞任する条件として家政科を復活再開させ、同理事を教授として留任させることを決議
1月9日　教授会と理事長の会談で理事長は家政科再開を要望し、教授会は大学・高校分離を提案
1月17日　教授会、大学と高校の分離案を決議
2月4日　学園民主化対策委員会、授業ボイコット突入
2月7日　教授会スト突入
2月9日　理事長・教授会代表・学園民主化対策委員会の三者会談で、〈嘉数学園内の沖縄高校、沖縄大学を分離し、別個の法人組織にする〉案を理事長が了承。10日、スト解除
3月29日　嘉数女子学園、中教委より設置認可
4月10日　理事会、嘉数津子常任理事辞任願を受理
4月19日　理事会、嘉数武松を理事に選

出
7月19日　学園分離促進委員会(学生)、スト突入
7月20日　学生20名余、ハンスト決行
7月28日　教授会、「学園分離に関する申請書」を理事会へ提出
10月14日　学生、市内デモ
11月4日　理事会・教授会・学生、「覚書」「学園分離に関する協約書（5日付）」を締結
11月27日　西原総合グラウンド完成

一九六七年
4月3日　狩俣真彦、学長に就任（～67年12月12日）
4月14日　分離準備委員会（宮里安雄常任理事、奥浜清吉理事、狩俣真彦助教授、佐久川政一講師、神山敏雄講師）、分離案の最終報告書を提出
6月30日　嘉数学園、財団法人から学校法人へ変更
10月8日　学園分離推進全学共闘会議、バリケード築く
10月9日　学生スト突入、全学封鎖
10月30日　理事長宅を学生がピケ、逮捕者出る。翌31日、理事長、大阪へ渡航
11月6日　教授会・学生・職員、学内集会で自主管理を打ちだす
11月11日　教授会・学生自治会による全学協議会を結成
11月13日　自主管理による講義開始
12月13日　理事会、狩俣学長を解任
12月23日　宮里安雄、学長事務取扱に就任

一九六八年
1月5日　警察、学内捜索
3月16日　高宮広衛、学長事務取扱に就任
5月1日　理事会、教員名義預金約8万ドルを差し押さえる
6月28日　那覇地裁、入学金・授業料・諸費の約10万ドルを差し押える
7月4日　学内で全学総決起大会を開催、その後、教授・学生2000名余が市内をデモ

一九六九年
4月5日　理事長、教員7名に対し解雇通知をだす。翌6日、職員1名に解雇

通知送付

4月6日　理事会は無期限休校命令を出すが、全学協議会は自主管理を継続し、翌7日に入学式実施

一九七〇年1月7日　理事会、大学を封鎖

1月8日　全学協、抗議集会開催、同月16日、沖大封鎖解除貫徹総決起大会開催

1月28日　理事会、学外斡旋委員による案（自主管理の解除・立入禁止の解除・理事の構成替え）を受け入れる

2月6日　理事会と教授会、沖大紛争解決に関する「協定書」に合意《沖大紛争の解決》

2月7日　理事会、教職員8名の解雇・解任を撤回

3月23日　高宮広衛、学長就任（～71年9月7日）

9月24日　私大統合案「大浜私案（第一次）」発表される

11月12日　教授会、〈大浜私案反対〉の結論をだす

一九七一年3月23日　日本政府、復帰対策要綱第二次分閣議決定

4月1日　沖縄私立大学復帰対策協議会発足

4月24日　教授会、政策委員会作成「沖縄大学新設構想案」（新設大学の法人名は学校法人沖縄大学、大学名は沖縄大学とする、既存大学の教職員は新設大学へ平行異動する、等）を承認

5月6日　私大統合案「大浜私案（第四次）」発表される

5月10日　教授会、大浜私案（第四次）について「新設に賛成」「統合委員の選出」を決定

9月8日　佐久川政一、学長就任（～75年3月31日）

一九七二年1月5日　沖縄国際大学設立準備委員会、設立趣意書作成

1月28日　教授会、新設大学設立案と、沖大存続案（管理職提案）の両案を認め、各自自由意志により選択することを全会一致で確認

2月3日　佐久川学長、沖大存続声明を発表
2月24日　琉球政府私立大学委員会は沖縄国際大学設置認可を決定、翌25日認可証交付
4月28日　政令106号公布（5月15日施行）
5月15日　政令192号公布施行
8月14日　東京地裁へ提訴（政令第192号の一部取消・一部無効確認請求）
8月30日　全国大学準硬式野球大会で沖縄大学優勝（翌年も優勝）
12月7日　文部省前に教職員座り込み（〜8日）
12月21日　沖縄大学の存続をかちとる県民総決起大会開催（那覇市与儀公園）
一九七三年1月16日　理事会、73年度学生募集を決定
2月11日　文部省の廃校処分に反対し、学生募集を強行
2月21日　理事会、大学設置認可申請を決議
3月19日　理事会、政令192号についての訴訟取下げ、設置認可申請を決議
6月27日　文部省へ認可申請
一九七四年2月1日　文部省、沖縄大学および沖縄短期大学の認可証交付
2月4日　73年度入学生の身分をかちとるための闘争委員会、全学封鎖(〜5日)
2月6日　理事会、認可記念事業として大学図書館の建設を決議
2月17日　文部省認可後初の入学試験
4月1日　永野善治、沖縄短期大学学長に就任（〜78年9月8日）
一九七五年4月1日　永野善治、学長事務取扱就任
5月1日　新屋敷幸繁、学長に就任（〜76年3月31日）
11月29日　沖縄大学と73年度入学生、身分保障に関し合意書を交わす
一九七六年4月1日　東風平玄純、学長に就任(〜78年9月8日)、中村仁政、沖縄短期大学学長に就任（同）
一九七七年8月10日　理事会、キャンパス移転について決定

一九七八年3月1日　高校体育館完成
8月26日　教授会、安良城盛昭を学長に選出、9月9日、学長に就任（〜80年8月31日）。永野善治、沖縄短期大学学長に就任（同）
9月11日　安良城盛昭、理事長に就任（〜80年7月15日）
10月19日　教授会、入試制度改革・面接と書類選考決定
10月28日　土曜教養講座定例化（隔週土曜日）
11月13日　移動市民大学、名護市で開催（〜11月17日）
一九七九年4月　本土派遣学生制度発足、第1回派遣聴講生は立命館大学8名、上智大学4名
4月20日　「沖縄大学広報」創刊
一九八〇年4月末現在　聴講生派遣の提携大学は法政大学、和光大学、旭川大学が加わり計5校となる
9月1日　永野善治、学長に就任(〜83年3月31日)、沖縄短期大学学長兼任

一九八一年4月1日　四カ年一貫ゼミナール体制確立
6月10日　沖縄大学創立20周年及び沖縄短期大学23周年記念祝賀会
7月22日　創立20周年記念事業「教育実践セミナー」開催
一九八二年7月23日　第2回「沖縄で学び沖縄を学ぶ82教育実践セミナー」開催
9月27日　《琉球弧縦断移動市民大学》開始（奄美・宮古・八重山／91年度まで）
一九八三年3月30日　沖縄高校、沖縄尚学高等学校へ校名変更
4月1日　新崎盛暉、学長に就任(〜89年3月31日)、沖縄短期大学学長兼任
一九八五年2月1日　一号館竣工
2月19日　津田塾大学と単位互換協定締結
一九八六年4月22日　中期計画策定検討委員会発足、翌年9月26日最終答申
7月6日　ジャーナリズム講座開催(90年まで)

9月 正門・外構改修工事竣工
一九八七年9月24日 「学長面談の日」創設
12月15日 理事会、「沖縄大学、沖縄尚学高等学校の資産区分に関する理事会決定」を承認
一九八八年4月1日 沖縄短期大学を沖縄大学短期大学部に名称変更
4月15日 海外派遣留学生制度発足、ハワイ・パシフィック大学(ＨＰＣ)と姉妹校協定締結
6月10日 沖縄大学創立三〇周年記念式典開催、記念事業として①沖縄大学地域研究所設立、②沖縄大学後援会奨学金及び特別学生奨学金制度創設
一九八九年4月1日 佐久川政一、学長に就任(〜95年3月31日)
11月2日 二号館・図書館棟竣工
11月15日 高校体育館を買い取る
一九九〇年2月28日 本館および大学ビル改修、外構整備工事竣工
3月29日 札幌大学と単位互換協定締結
7月23日 第10回「沖縄戦と基地問題を考える90沖縄セミナー」開催(同セミナー終了)
11月1日 体育館増改築・外構整備工事竣工
一九九一年3月11日 沖縄関係マイクロフィルム史料収集委員会設置
3月22日 旭川大学と単位互換協定締結
3月29日 和光大学と単位互換協定締結
4月23日 中国・中央民族大学と学術・教育交流協定締結
5月1日 沖縄大学(嘉数学園)と沖縄尚学高校(尚学学園)を経営する法人を分離
11月25日 観光リゾート国際セミナー開催
一九九二年11月13日 教授会、「新学部・学科の増設を含む改組転換の方向性」を承認
12月20日 京都精華大学と単位互換協定締結
一九九三年5月14日 グロスモント・カレッジと姉妹校締結
12月18日 留学生別科設置認可、翌年4

月1日開設

一九九五年3月13日　中国・広州外国語学院と姉妹校協定締結

4月1日　狩俣真彦、学長に就任（〜01年3月31日）

6月7日　沖縄県私立大学協会加盟大学間における単位互換に関する協定締結（沖縄大学・沖縄国際大学・沖縄女子短期大学・沖縄キリスト教短期大学・名桜大学）

9月9日　オープンキャンパス導入実施

一九九六年12月19日　法経学部法経学科設置認可、翌年4月1日開設

一九九七年1月13日　放送大学と単位互換協定締結

8月26日　理事会、西原グラウンドを売却し、新たに新川グラウンド（南風原町新川）用地購入・賃借を承認

一九九八年12月22日　人文学部国際コミュニケーション学科・福祉文化学科設置認可、翌年4月1日開設

一九九九年3月23日　三号館竣工

8月18日　岐阜経済大学と単位互換協定締結

10月1日　沖縄大学マルチメディア教育研究センター設立

二〇〇〇年4月1日　シスコ・ネットワーキング・アカデミー開講

7月28日　台湾の東海大学と学術・教育交流覚書締結

二〇〇一年4月1日　新崎盛暉、学長に就任（〜04年3月31日）

5月17日　韓国の聖公会大学校と学生交流および学術交流協定締結

10月26日　沖縄大学エコ・キャンパス宣言（沖縄大学環境方針）

二〇〇二年5月17日　沖縄大学、ＩＳＯ１４００１に審査登録される

8月19日　台湾、佛光人文社会学院と学術交流協定締結

二〇〇三年1月16日　シドニー工科大学と学生交流協定締結、2月、シドニー工科大学付属インサーチと学生交流協定締結

4月1日　沖縄大学、㈶大学基準協会正会員への加盟・登録を承認される

10月16日　新川グラウンド敷地造成工事竣工式

二〇〇四年1月29日　東京国際大学と単位互換協定締結

4月1日　桜井国俊、学長に就任

5月1日　構内駐車場有料化開始

5月14日　法政大学と単位互換協定締結

6月12日　南部広域市町村圏事務組合との共同事業「丸ごと！なんぶ観光コース開発・ガイド養成講座」開講

11月18日　沖大空手部の嘉手納由絵・清水由佳と豊見城あずさ（沖縄電力）のチーム、第17回世界空手道選手権大会女子団体形で優勝

11月30日　「沖縄大学広報」１００号発行

12月24日　大学院現代沖縄研究科（修士課程）設置認可、翌年4月1日開設

二〇〇五年1月22日　第４００回土曜教養講座実施

7月13日　茨城キリスト教大学と単位互換協定締結

二〇〇六年6月29日　広島修道大学と単位互換協定締結

二〇〇七年2月22日　人文学部こども文化学科設置認可、4月1日開設

3月13日　沖縄大学、㈶大学基準協会の相互評価・認証評価を受ける（認証期間07年4月1日～14年3月31日）

4月1日　一・二部統合

7月30日　文部科学省のＧＰ「優れた取組」等に、「ノートテイクから広がる大学づくり」「美ら沖縄・環境まちづくりリーダー育成事業」「菓子等ビジネスプランナー養成プログラム」「学びあい・支えあいの地域教育の拠点の創成」の4件が採択される

8月24日　沖縄大学、琉球大学、沖縄国際大学、名桜大学の県内四大学、大学院の単位互換協定締結

二〇〇八年6月10日　50周年記念日

＊本年表は『沖縄大学50年史基礎年表――一九五六～二〇〇五年度・年表および資料目録』『沖縄大学広報』等を元に作成した。

あとがき

多くの大学では、創立一〇周年とか、三〇周年とかの節目に、自校史をまとめるのが通例のようである。文字どおり、波乱万丈の歴史を歩んできた沖縄大学も、五〇周年という節目の年になって、ようやく初めての自校史をまとめることができる段階に到達した。

周年記念の自校史というと、立派な箱入りの上製本というのが常識のようだが、私たちは、できるだけ手軽に多くの読者に手にとってもらえるような市販本で五〇年史を出したいと思った。何よりも、自校史をまとめることは、ある意味での自己点検作業であり、多くの読者に読んでもらうということは、第三者評価を仰ぐ最も良い方法ではないかと考えたからである。また、「沖縄大学論」（一九六ページ）のテキストとしても役立つ。

この本を作成するために、〇三年一二月、学長を委員長とし、副学長、両学部長、事務局長等十数名によって構成される沖縄大学50年史編集委員会が組織され、その下に資料収集や執筆等の作業を行う専門委員会が置かれた。この本の第一稿の執筆は、新崎盛暉、山門健一、屋嘉比収の三人が担当したが、第一稿は、桜井学長以下全編集委員が目を通し、コメントを加え、それに基づいて、専門委員会（座長・田里修、西泉、金城正弘、奥間邑明と執筆担当者）で何回も練り直し、書き直した。その過程で高文研の意見も徴した。高文研とは、八〇年代に、一〇年にわたって「沖縄セミナー」を共催した仲である。

とはいえ、沖縄大学五〇年の歴史を一挙にまとめるのは、容易ではなかった。まず、基礎的な作業として、膨大な量にのぼる理事会や教授会の議事録、決議や許認可申請書類、教職員組合や学生の声明やアピール文などの諸見解、地元紙・琉球新報や沖縄タイムスの関連記事などを収集整理する必要があった。六〇年代の資料には、散逸しているものも少なくない。この煩雑な作業は、学内の編集委員だけでは手に負えず、専門家である砂川圭子さんの協力を得た。収集整理した各種資料は、A4判約六三〇ページ、約一二〇万字にのぼる『沖縄大学50年史基礎年表』にまとめられている。この本は、そのような基礎作業を基に書かれている。

また、『沖縄大学50年史資料集』、写真集『目で見る沖縄大学50年の歩み』（発売元　新星出版）の編集も同時に進められており、写真集は、沖縄県内の書店に並ぶ。この本に収録されている写真は、すべてその写真集掲載のものである。

ところで、本文中でも繰り返し触れているが、今は、「大学冬の時代」といわれている。

日本私立学校振興・共済事業団は、大学法人五二一と短大法人一四三の〇六年度決算と〇七年度入学者数などをもとに経営を診断し、七ランクに分類しているが、それによると一五法人（大学九法人、短大六法人）が破綻の危機に直面している。さらにこの一五法人を含め九八法人がB4（いつつぶれてもおかしくない）、Ｂ３（現在の学生が在学中に破綻の可能性）、Ｂ２（現在の蓄積資金を取り崩して無くなれば破綻）、Ｂ１（黒字だが借金過多）の状態で、経営困難に陥っている。これにつづく、「イエローゾーン」に限りなく近い状態にあるＢ０（収支が赤字だがキャッシュフローは黒字）は大学九八法人、短大三三法人である。またＡ２（収支は黒字だが設備更新能力が不十分）は大学二〇〇法人・短大四七法人で、最高ランクのＡ１（収支が黒字〈一〇％以上〉で設備更新能力あり）は大学一五九法人（三〇％）・短大三〇法人（二〇％）となっている。

こうしたなかにあって沖縄大学は、監査法人の〇七年期中監査講評の際、〇六年度決算書に基づいて、「貴大学の経営状況は〝Ａ１〟に該当し、正常な状態（超優良）と言えます」という評価を得た。

当事者である私たち自身にも、にわかには、信じがたい思いすらある。三〇年前にこのような経営診断があったとすれば、沖縄大学は、間違いなく「破綻に瀕した大学」の筆頭に挙げられていたはずだからである。ここに至るまでの道のりは長かった。具体的にはプロローグでも書いたことなので、ここではあえて繰り返さないが、自力更生・自主管理を標榜した全員参加の民主的組織運営の努力、入試から就職まで、さまざまな具体的教育改革・実践の積み重ね、とりわけ、沖縄社会の地域特性を大学教育に取り入れただけではなく、自治体や地域組織と共同して大学を地域の教育拠点として開いていったこと、これらの複合的成果が、とりあえずこうしたかたちで結実したといえるのだろう。

創立五〇年を期して沖縄大学は、「地域と共に生きる大学」から「地域と共に時代を創る大学」へと歩を進めようとしている。〝地域共創・未来共創の大学〟へ発展しようというわけである。また、五〇周年記念事業の一環として、校舎が小さなビル三棟だったのを自嘲して「マッチ箱三つ」と呼んだ時代からの老朽化したビルと体育館を取り壊し、総合的な新館ビルを建てようとしている。ソフト面でも、ハード面でも、体勢を整えて、新しい時代への第一歩を踏み出そうというのである。

だがいうまでもなく、「地域と共に時代を創る」のは、容易なことではない。時代の趨勢は、沖縄大学がその中で共に生きてきた沖縄社会にとっても、世界にとっても楽観を許さないものがある。地方財政の窮迫は、沖縄の自治体をも例外なく襲っているし、世界は軍事的緊張に覆われている。そして沖縄は、いまなお、日米の軍事的拠点である。沖縄大学は、そうした危機の時代を、自立と平和を求める個性的沖縄社会とともに乗り切り、新しい歴史を切り拓いていけるだろうか。沖縄社会と沖縄大学は、そうした課題と向かいあっている。

二〇〇八年　四月

沖縄大学五〇年史編集委員会

沖縄大学

1958年、現在地に創立。モットーは「地域に根ざし、地域に学び、地域と共に生きる、開かれた大学」。

08年現在、法経学部法経学科、人文学部国際コミュニケーション学科、福祉文化学科、こども文化学科の2学部４学科と大学院現代沖縄研究科で構成、学生数は約2300人。

〒902−8521　沖縄県那覇市字国場555

電話（098）832−3216（代）

http://www.okinawa-u.ac.jp/

小さな大学の大きな挑戦

――沖縄大学五〇年の軌跡

●二〇〇八年 六 月一〇日――――第一刷発行

編著者／沖縄大学五〇年史編集委員会

発行所／株式会社 高文研

東京都千代田区猿楽町二－一－八

三恵ビル（〒一〇一＝〇〇六四）

電話 ０３＝３２９５＝３４１５

振替 ００１６０＝６＝１８９５６

http://www.koubunken.co.jp

組版／株式会社Ｗｅｂ Ｄ（ウェブ・ディー）

印刷・製本／株式会社シナノ

★万一、乱丁・落丁があったときは、送料当方負担でお取りかえいたします。

ISBN978-4-87498-403-1 C0037